増補改訂版
はじめてでも必ずできる

飾り結び

15の基本結びをやさしく図解

世界文化社

はじめに

　私は、茶道具の袋物「仕覆」の制作をしている中で、日本の伝統文化の一つである「飾り結び」に出会いました。もともと中国や朝鮮から渡来したという飾り結びの起源は古く、その用途もさまざまです。私が関わってきた茶の湯の世界にとどまらず、能や狂言、香道、生け花、さらには日常の衣装、装身具、武具などにも使われてきました。

　そうした伝統の飾り結びを、だれでも自由に、そしてモダンに使いこなせるようにとの思いから、さまざまに応用できる15種類の結びを一冊にまとめた『はじめてでも必ずできる 飾り結び』を上梓して、もう10年。お陰様でたくさんの方々に愛され、刷を重ねてきました。そこでこのたび、旧版に大幅加筆した増補改訂版を出す運びとなりました。飾り結びさえできればすぐに使える楽しいアイデアを加え、高評価をいただいた作り方ページもより見やすくカラー化して、初めて本書に出会って下さった方はもとより、旧版を愛読して下さっている方々にも、ずっと大切にしていただける本になったと自負しています。

　飾り結びは、結び方よりも仕上げの作業に根気がいります。結んでいるときには、ひもがねじれていないか常に気にかけてください。形を整えるときには、ひもの流れをよく見て、順番に引き締めることがすべてです。その作業を2回〜4回くらい繰り返すと、少しずつ形が整ってきます。美しく完成させるための目安にしていただけるように、本書には原寸の結び見本を用意しました。はじめての方は、太いひもを使いたっぷりの長さで練習してください。

　これからも飾り結びが、多くの方の教養の一つになりますようにと願っています。

永井亜希乃

●**本書の使い方**
本書では、基本の結び方15種類と房の作り方を、はじめての方でもわかりやすいように図入りの写真と文章で解説しました。「菊結び」、「梅結び」、「八重菊結び」では、ひもを動かす方向の目安にしていただくために、プロセス写真に図のような時計のイラストを入れています。
また、ひもの通る道筋を写真のなかに矢印で示し、一目でわかるようにしています。

なお、28ページ、92〜95ページには、原寸の結びの見本を、ひもの太さ別に3種類（3.5mm、2mm、1mm）掲載しています。結びながら実際に写真の上に置いて大きさやバランスをチェックすることができ、大変便利です。ぜひご活用ください。

15の基本結びをやさしく図解

増補改訂版 はじめてでも必ずできる **飾り結び** ―目次―

飾り結びを楽しむ

ブルーの巾着 ······4
巾着のトートバッグ ······4
小物入れ（グリーン）······5
小物入れ（グレー）······5
化粧ポーチ ······6
扇子入れA・B ······7
名刺入れA・B ······7
タブレット入れ ······7
バレッタA・B ······8
のりげのネックレス ······9
グラスコード ······9
箸ケースA・B ······10
ランチョンマット（参考作品）······10
お弁当入れ（参考作品）······10
クッションカバーの飾り房（参考作品）······11
バッグタッセル（グリーン）······11
バッグタッセル（ピンク）······11
ぞうりホルダー ······12
アクセサリー入れ ······12
桃の香り袋 ······13
きものエプロンクリップ ······14～15
gloveホルダー ······16～17
マスククリップ ······17
飾り結びのネックレスとブレスレット ······18～19
チャームを使った飾り結びのネックレス ······19
金具のついたしおりA ······20
飾り結びだけで作ったしおりB ······20
飾り結びのポチ袋 ······21
飾り結びの箱のアレンジA・B・C ······21
蛤のお飾り（参考作品）······22
花のくす玉と唐蝶結び（参考作品）······23
蝉の香袋（参考作品）······23

飾り結びの材料と用具 ······24

華やかな結び

基本の結び❶ 菊結び ······25
基本の結び❷ 梅結び ······29
基本の結び❸ 八重菊結び ······31
基本の結び❹ 玉房結び ······35
基本の結び❺ 唐蝶結び（上向き）······38
基本の結び❻ 唐蝶結び（下向き）······42

ポイント結び

基本の結び❼ 髪飾り結び ······46
基本の結び❽ 几帳結び ······47
基本の結び❾ 叶結び ······48
基本の結び❿ つゆ結び ······49
基本の結び⓫ 釈迦結び ······50
基本の結び⓬ 玉結び ······52
基本の結び⓭ 葵結び（左回り）······54
　　　　　　 葵結び（右回り）······55
基本の結び⓮ あわび結び ······56
基本の結び⓯ けさ結び ······57

房の作り方❶ ほぐし房 ······60
房の作り方❷ 足し房 ······61

作り方の基本テクニック ······63
作品の作り方 ······64
原寸の結び見本 ······92

飾り結びを楽しむ

巾着のトートバッグ
結び：つゆ結び、玉結び
作り方　65ページ

ブルーの巾着
結び：上の部分　つゆ結び、几帳結び
　　　下の部分　つゆ結び、玉結び
作り方　64ページ

小物入れ(グリーン) 左
小物入れ(グレー) 右

小物入れ(グリーン)
結び：玉房結びの飾りボタン、
釈迦結び、玉結び
小物入れ(グレー)
結び：菊結び、釈迦結び
作り方　66〜68ページ

化粧ポーチ

巾着の部分　結び：つゆ結び、玉結び
ポケット部分　結び：梅結び、釈迦結び
作り方　69～70ページ

タブレット入れ
結び：玉房結び、釈迦結び
作り方　73ページ

扇子入れA
扇子入れB
名刺入れA
名刺入れB

扇子入れ A
結び：釈迦結び、几帳結び、玉結び
扇子入れ D
結び：釈迦結び、つゆ結び、梅結び
名刺入れ A
結び：梅結び、釈迦結び
名刺入れ B
結び：玉結び、几帳結び、釈迦結び
作り方72ページ（扇子入れA）
作り方71ページ（名刺入れ）

バレッタA（左）
バレッタB（右）

バレッタA
結び：あわび結び、梅結び
バレッタB
結び：玉房結び、あわび結び
作り方　74〜75ページ

のりげのネックレス
結び：つゆ結び、玉結び、玉房結び、几帳結び
作り方　76ページ

グラスコード
結び：つゆ結び、几帳結び、玉結び、八重菊結び、叶結び、髪飾り結び、玉房結び
作り方　76ページ

左ページの作品
箸ケースA（左）
箸ケースB（右）
ランチョンマット（参考作品）
お弁当入れ（参考作品）

箸ケースA　結び：菊結び、釈迦結び
箸ケースB　結び：玉房結び、釈迦結び
作り方　77ページ（箸ケース）

クッションカバーの
飾り房（参考作品）

バッグタッセル（グリーン）
バッグタッセル（ピンク）

バッグタッセル（グリーン）
結び：つゆ結び、玉結び、八重菊結び、足し房
バッグタッセル（ピンク）
結び：つゆ結び、玉房結び、玉結び、足し房
作り方　78ページ

アクセサリー入れ
結び：けさ結び、玉結び、釈迦結び
作り方　80〜81ページ

ぞうりホルダー
（金茶色、グリーン）
結び：玉房結び、あわび結び、玉結び
作り方　79ページ

桃の香り袋

結び：
（袋の部分）八重菊結び、
あわび結び、つゆ結び
（掛けひも）釈迦結び、つゆ結び、
玉結び、叶結び、几帳結び、
髪飾り結び
作り方　82～83ページ

きものエプロンクリップ

結び：
(クリーム色) A　菊結び、つゆ結び、叶結び、几帳結び
(グレー)　　B　八重菊結び、つゆ結び、叶結び、几帳結び
(ブルー)　　C　玉房結び、つゆ結び、叶結び、几帳結び
(ピンク)　　D　菊結び、つゆ結び、叶結び
作り方　84ページ

gloveホルダー

glove ホルダー(右の2本)
マスククリップ(左の2本)

結び:
(glove ホルダー) A、B　八重菊結び、叶結び、玉房結び、玉結び
(マスククリップ) C、D　つゆ結び、玉結び、髪飾り結び
作り方　85ページ

飾り結びのネックレスとブレスレット

結び：
(ピンクの作品) A　菊結び、釈迦結び
(ブルーの作品) B　八重菊結び、釈迦結び
(パープルの作品) C　玉房結び、釈迦結び
(イエローの作品) D　几帳結び、つゆ結び、叶結び、釈迦結び
作り方　86ページ

チャームを使った
飾り結びのネックレス

結び：
A 釈迦結び
B 釈迦結び、つゆ結び、几帳結び
C 釈迦結び、つゆ結び、几帳結び

作り方 87ページ

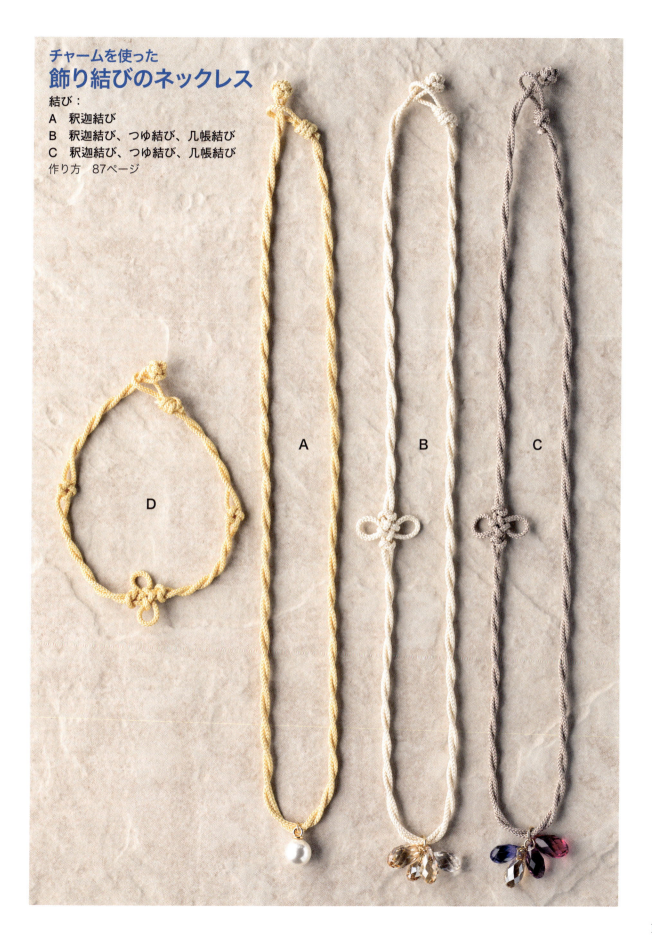

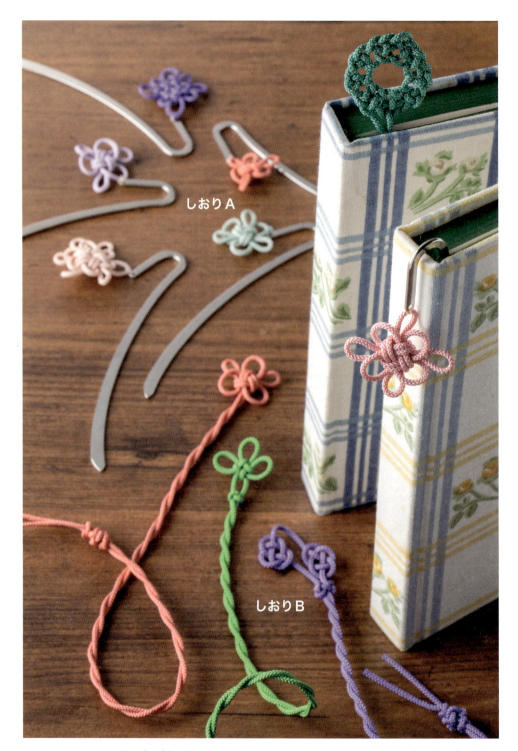

金具のついたしおりA
結び：梅結び、八重菊結び、
玉房結び、菊結び
作り方　88ページ

飾り結びだけで作ったしおりB
結び：
（ピンク）　梅結び、つゆ結び、玉結び
（淡いグリーン）　几帳結び、つゆ結び、叶結び
（パープル）　葵結び、玉結び、つゆ結び
（濃いグリーン）　けさ結び、叶結び
作り方　89ページ

飾り結びのポチ袋

結び：
（グリーン）A　几帳結び
（朱色）B　あわび結び、真結び
（パープル）C　髪飾り結び、つゆ結び、真結び
（ピンク）D　梅結び
作り方　90ページ

飾り結びの箱のアレンジA
（叶結び）
飾り結びの箱のアレンジB
（ハート結び1本）
飾り結びの箱のアレンジC
（ハート結び2本）

結び：
A　叶結び、真結び
B、C　ハート結び（あわび結びの変形）
作り方　91ページ

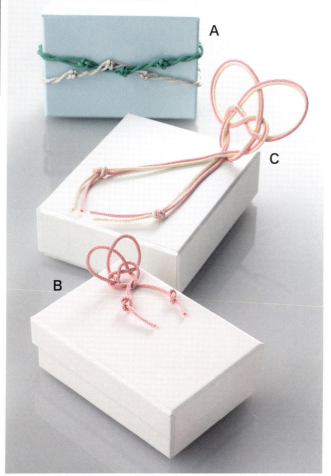

蛤のお飾り（参考作品）

花のくす玉と唐蝶結び（参考作品）

蟬の香袋（参考作品）

［飾り結びの材料と用具］

飾り結びは、1本の長いひもからさまざまな形を結びます。
美しく結ぶために、使いやすい用具をそろえることはとても重要です。
最小限の努力で最大限の効果を出すために、このページを
良くご覧になって、ニーズに合った用具をそろえてください。

［ひも］
飾り結びに適するひもは、絹、綿のほかに、合成繊維で
あるビニロン、ナイロン、アクリルなどがあります。
太さは1mmから4.5mmくらいのものが使いやすいです。色
は豊富にありますので、用途に合わせてお選びください。
ひもは、和装小物を扱っているお店や大手手芸用品店な
どで入手できます。
※本書では、町田絲店のひもを使用しています。

● 町田絲店
電話03-3844-2171　https://www.machida-ito.co.jp
● アトリエ亜馬阿乃　akino.dec.lalala@gmail.com
アトリエ亜馬阿乃は手組のひもを扱っています。
● パーツや金具など（P14～17、19～20）
貴和製作所オンラインストア　https://kiwaseisakujo.jp

［用具］
❶ はさみ
先の細いものが使いやすいです。
❷ マクラメボード
飾り結びをする時にひもをセットする
台です。
❸ 待ち針
ひもに刺すので、細いもののほうがひ
もを傷つけません。
❹ 綿棒
難しい結び方をする時に、前もって道
のりの目安に挿しておくのに使います。
軸が曲がりやすいほうがいいので、紙
軸のものを選びましょう。
❺ メジャー
必要なひもの長さを測ります。
❻ ピケ（ほつれ止め）
ひもの先がほつれないように使います。
❼ 目打ち
細かい作品にボンドをつける時は、目
打ちの先にボンドをつけます。
❽ ピンセット
必ず、先のとがったものを使用します。細かいところは
ピンセットを使ってひもを動かしますので、とても大切
な道具です。
❾ やっとこ
ひもを締める時、後半になると動かしにくくなるので、やっ
とこを使って引っぱります。

❿ 定規
短いものを測ります。
⓫ ボンド
ひもの先の始末や、アクセサリーの金具に飾り結びをつ
ける時などに使います。
⓬ 絹糸
飾り結びを作品に縫いつける時や、足し房を作る時など
に使います。

華やかな結び 基本の結び ❶ 菊結び

菊結びは、比較的簡単に結べるので初心者向きです。
華やかさもあるので、いろいろなものの
チャームポイントに便利に使えますし、これ1つでも、
マスターすればいろいろな結びに応用できます。

[材料]
太さ3.5mmのひも　約120cm
（太さ2mmのひもの場合 約80cm）（太さ1mmのひもの場合 約70cm）
※このプロセスでは、3.5mmのひもで結んでいます。
※写真では、見やすいようにマクラメボードの目盛りを消してあります。

1

ひもを中央で折り、待ち針で印をつける。

2

長さ10cmのわを上と左右に均等に作り、十字形にセットして待ち針でしっかりとめる。

3
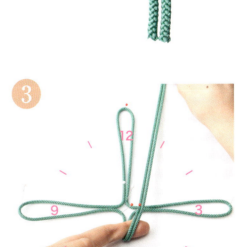
時計の6時のところのひもを、中心の少し下を左手の指で押さえながら1時の方向へ持ち上げ、押さえていた指を抜いてそこに定規を挿しておく。

4
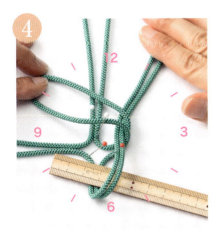
先ほど持ち上げたひもを押さえながら、3時のところの輪を10時の方向へ持ち上げる。

5

持ち上げたひもを押さえながら、12時のところの輪を7時の方向へおろす。

6

9時のところの輪を、定規を挿してあったところにくぐらせる。（ピンセットでつまむとくぐらせやすい）

⑦

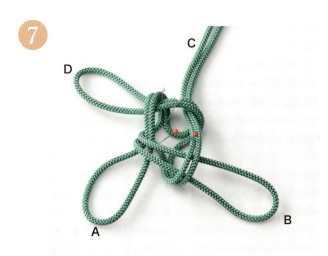

図のＡＢＣＤのひもをねじれのないように整え、それぞれを引っぱる。

⑧

とめてあった待ち針をはずす。

⑨

軽く持ち上げて中の花びらを広げながら、それぞれの花びらがねじれないように整える。

⑩

外側の花びらを引っぱって、写真のように中の花びらを引き締める。

⑪

③と同様に、6時の花びらを1時の方向へ持ち上げ、指で押さえていたところに定規を挿す。持ち上げたところを待ち針でとめる。

⑫

④と同様に、3時の花びらを10時の方向へ動かす。持ち上げたところを待ち針でとめる。

⑬

⑤と同様に、12時の花びらを7時の方向へおろす。

⑭

⑥と同様に、9時の花びらを、定規を挿してあるところにくぐらせ、待ち針をはずす。

⑮

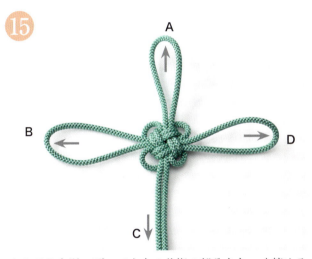

ＡＢＣＤを引っぱって中央の井桁の部分をきつく締める。

⑯

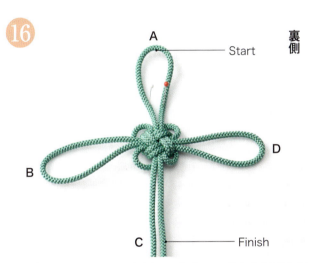

Aの輪の中心からCの右側のひもまで、裏表を何度も返しながらひもの流れをたどり、花びらの形を整える。（右側に赤、左側に白の待ち針をさしてある）

⑰

まず右から、写真のように少しずつ引き締めていく。

⑱

Cの右のひもを引いて、右側が締め終わる。

27

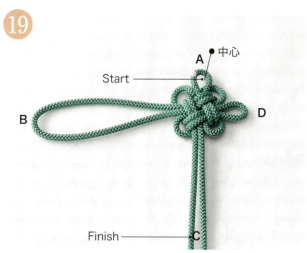

次に左側も⑯と同様に、Aの中心からCの左側のひもまで、ひもの流れをたどりながら花びらを整える。

左側の引き締めはじめ。

⑰から⑳を、様子を見ながら少しずつ3～4回繰り返し、井桁を締める。中の花びらは小ぶりに、外の花びらはやや長めに、以上の3点に気をつけて花びらの形をきれいに整えて完成。

菊結びの原寸見本

飾り結びは、スッキリと美しく仕上げるのがポイント。お手本の原寸結び見本を載せたので参考にしてみてください。菊結びでは、太さ別に4種類の原寸見本を用意しました。花びらを締めている途中でも、締め終わってからでも、この原寸見本の上に置いて、花びらの長さのバランスや全体の大きさなどをチェックしてみてください。尚、他の結びの原寸見本は本書の92～95ページに掲載しています。ご参照ください。

基本の結び ❷ 梅結び

華やかな結び

梅結びは、可愛らしくておさまりのいい結び方です。
小物入れなどのワンポイントにつけると、
とても映えます。シンプルな結びなので、
いろいろなものに応用できます。

[材料]
太さ3.5mmのひも　約90cm

1

ひもの中心を確認する。

2

長さ10cmの輪をTの字になるようにセットする。この時、待ち針を深く刺す。

3

時計の6時の位置にあるひもを、中央の少し下を指で押さえながら持ち上げ、押さえたところに定規を挿しておく。

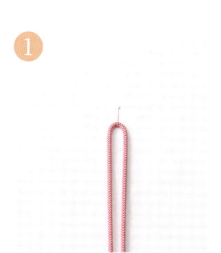

4

3時の方向にある輪を、③で持ち上げたひもの上から8時の方向へ動かす。

5

9時の方向にある輪を、④の上から③で定規を挿しておいたところにくぐらせる。（ピンセットを使うとやりやすい）

6

待ち針をはずし、写真のように少し持ち上げて、すぐボードの上に戻す。

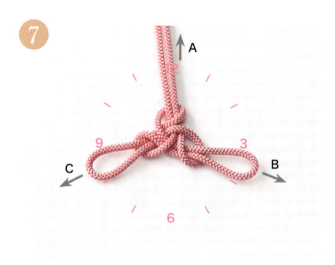

ＡＢＣを引っぱり、中の花びらを小さめに締めて整える。

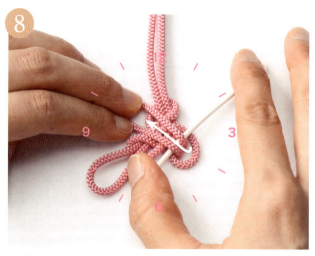

３時のところの花びらを、綿棒をはさんで10時の方向に動かす。

12時の位置のひもを、６時の方向に動かす。

９時の位置の花びらを、綿棒を挿していたところにピンセットでくぐらせる。

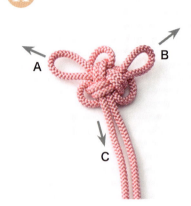

ＡＢＣを１つずつ引っぱって、中心を締める。

表に返し、右側（白い待ち針）から、ひもの流れをたどりながら花びらの大きさを整える。

左側（赤い待ち針）も同様にする。

⑫と⑬の作業を３回ほど繰り返し、花びらの形を、中は小さめ外はやや長めにして、きれいに整える。

八重菊結び

基本の結び ❸

華やかな結び

華やかなものの中でも、特に豪華な結び方です。
2本どりで結ぶとさらに美しくなります。
ポーチの蓋など、目立つところに
つけるのがおすすめです。

[材料]
太さ3.5mmのひも　約170cm

1

ひもの中心を確認する。

2

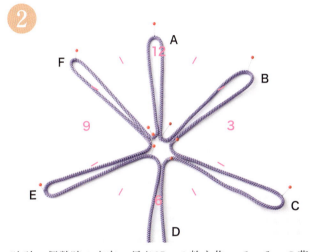

時計の偶数時の方向へ長さ15cmの輪を作って、6つの花びらをセットする。待ち針は、しっかりと深く刺す。

3

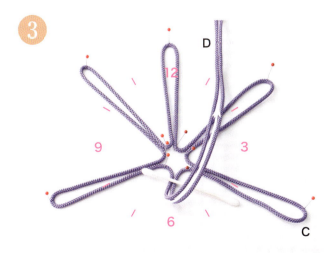

Dを、中央の少し下を押さえて1時の方向へ動かし、押さえていたところに綿棒を挿す。

4

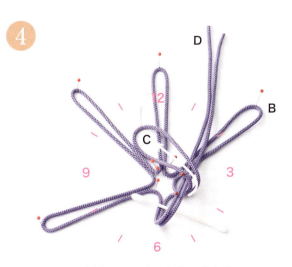

Cを、Dの上を通って11時の方向へ動かす。

31

⑤
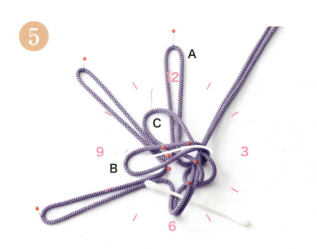

Bを、Cの上を通って9時の方向へ動かす。

⑥
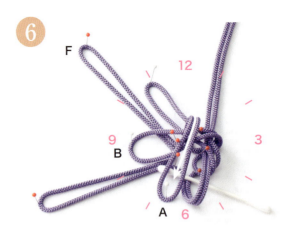

Aを、Bの上を通って7時の方向へ動かす。

⑦

Fを、③で綿棒を入れたところにくぐらせる。

⑧

別の綿棒で写真のようにひもを2か所（緑色の部分）持ち上げ、2時の方向に通り道を作る。

⑨

⑧で作った通り道に、ピンセットを使ってEをくぐらせる。

⑩

綿棒と待ち針をはずし、中の花びらをそっと広げる。

⑪

マクラメボードに戻す。

⑫

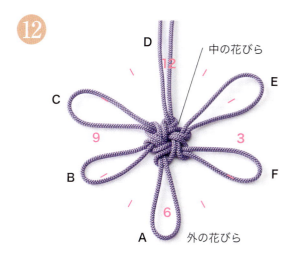

A〜Fを引っぱって中の花びらを締める。

⑬

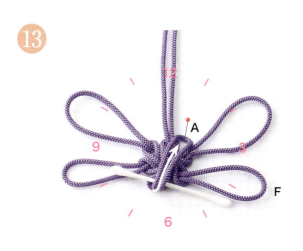

③〜⑧の工程を繰り返す。まず、Aに綿棒をはさんで1時の方向へ動かし、花びらの先を待ち針でとめる。

⑭

Fを11時の方向へ置き、花びらの先を待ち針でとめる。

⑮

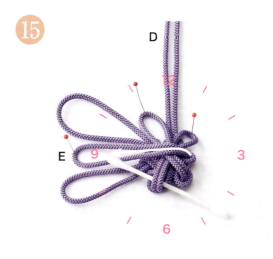

Eを9時の方向へ動かし、花びらの先を待ち針でとめる。

⑯

Dを7時の方向へ動かす。

17

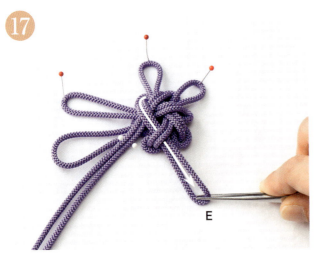

Eを、⑬で綿棒を入れておいたところへピンセットでくぐらせる。

18

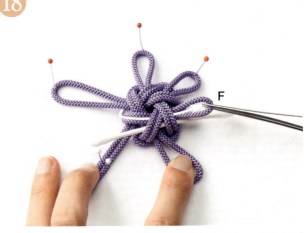

Fを、通り道の2か所に綿棒をくぐらせておいてからピンセットでくぐらせる。

19

くぐらせたところ。

20

A～Fの花びらを引っぱり、中心を締める。

21

裏側

花びらの大きさを、中は小さめ、外側はやや長めに整える。締める作業は、4回くらいかけて丁寧に。

22

表側

完成。

基本の結び ❹
玉房結び

花びらの数が多く、目を引く結びです。
いろいろなアイテムの、チャームポイントに。
2本どりで結ぶとさらに豪華になります。

[材料]
太さ3.5mmのひも　約160cm

1

ひもの中心を確認する。

2
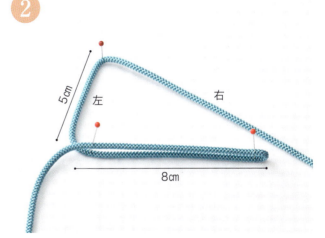

右側のひもをよけておいて、左側のひもを8cmくらいの長さにたたむ。写真のように待ち針で両端をとめる。

3
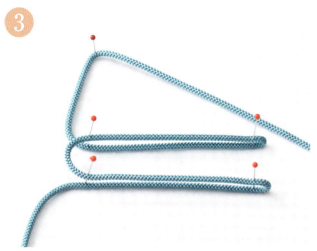

②の真下にもう一本たたみ、両端を待ち針でとめる。（横2本）

4
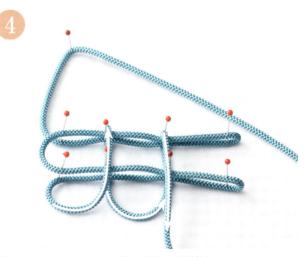

横線2本の上にひもを縦に置き、横線をはさんで下におろす。続けて、少し右横に下からくぐらせ、横線2本をはさんで上にのせる。（横2本、縦2本）

⑤

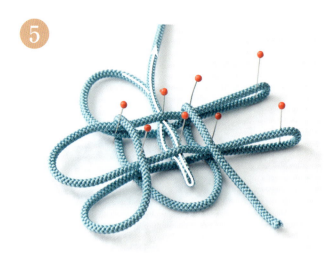

よけておいた右側のひもを二つ折りにし、④でたたんだ縦2本の間の位置に、②③で横にたたんだひもの間をピンセットでくぐらせて縦に通す。交点を待ち針でとめる。

⑥

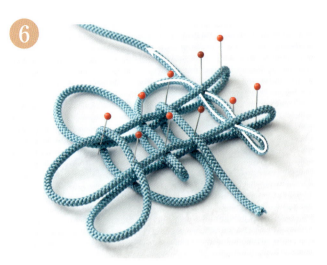

同じひもをさらに二つ折りにして、一番右側に横のひもの間をくぐらせてピンセットで通し、待ち針でとめる。（横2本、縦4本）

⑦

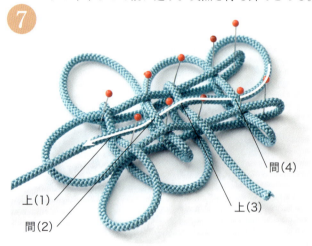

②③で横にたたんだひもの間に、ピンセットを使い、右側から、縦の間(4)、上(3)、間(2)、上(1)、と通す。

⑧

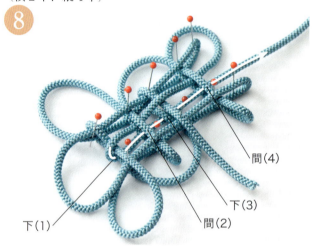

真下へUターンして、下(1)、間(2)、下(3)、間(4)、と通す。（横3本、縦4本）

⑨

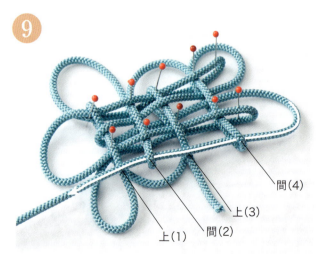

ひもを手前側にUターンさせて、横の4本目を、間(4)、上(3)、間(2)、上(1)、と通す。

⑩

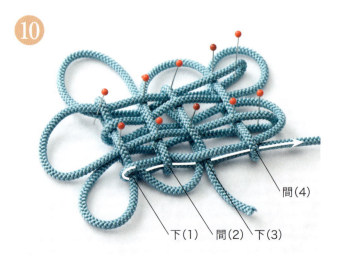

真下へUターンし、ピンセットを使って下(1)、間(2)、下(3)、間(4)、と通す。（横4本、縦4本）

⑪

花びらの大きさには構わず、7つの花びらをそれぞれ引っ張って、まず中心の井桁を締める。

⑫

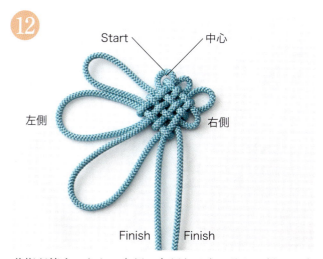

井桁が締まったら、右側、左側とひもの流れに沿って少しずつ締めていき、花びらの大きさを、3回くらいかけて整える。
※井桁が締まるとひもが動きにくいので、やっとことピンセットを上手く使い分けてください。

⑬

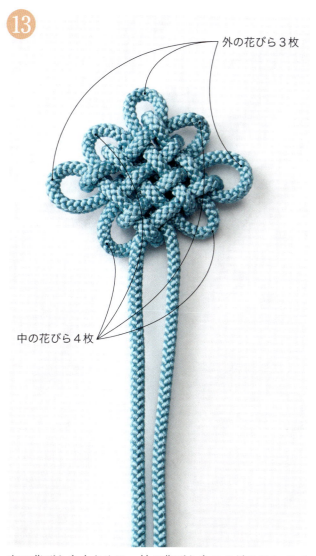

中の花びらを小さめに、外の花びらをやや長めにしてバランスを整え完成。
※仕上げに、井桁のひと目ひと目にピンセットを差すときれいになります。

基本の結び ❺ 唐蝶結び（上向き）

華やかな結び

蝶々の形の、ゴージャスな結びです。
2本どりで結ぶとさらに華やかになります。
井桁の部分を丁寧にそろえると、
仕上がりがとてもきれいになります。

[材料]
太さ3.5mmのひも　約180cm

1
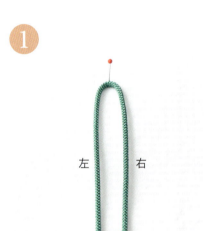
ひもの中心を確認し、待ち針でしっかりとめる。

2
左側のひもを、上から5cmくらいの位置で7cmくらいの長さにたたむ。重なる部分に気をつけて、待ち針でしっかりとめる。

3
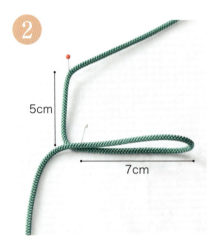
下のひもで写真のような輪を作り、右に残るひもの幅が7cm以上になるようにして真下に折り返す。

4
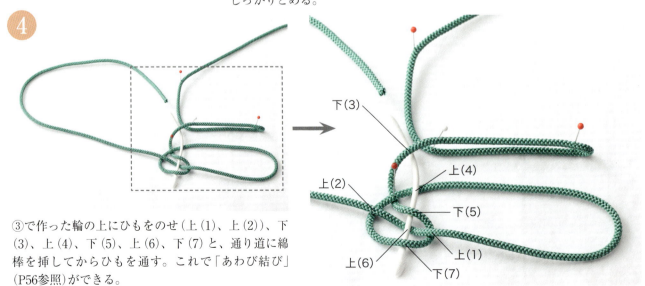
③で作った輪の上にひもをのせ（上(1)、上(2)）、下(3)、上(4)、下(5)、上(6)、下(7)と、通り道に綿棒を挿してからひもを通す。これで「あわび結び」（P56参照）ができる。

⑤
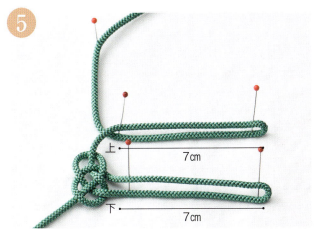

④で作ったあわびの右の輪が7cmになるようにして、あわびの部分を小さく締める。ひもをそろえて②の真下にたたみ、両端を待ち針でしっかりとめる。(横2本)

⑥
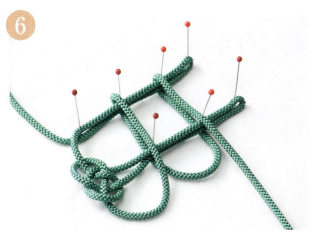

あわびの終わりのひもを横線2本の上へ縦に置き、横線をはさんで下におろす。続けて少し右横に下からくぐらせ、横線2本をはさんで上にのせる。交点をそれぞれ待ち針でしっかりとめる。(横2本、縦2本)

⑦
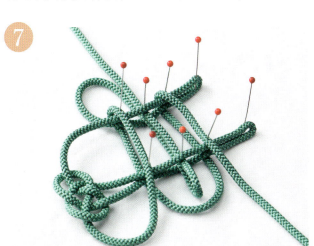

残してあった右側のひもを折り、⑥で作った縦線の間に、横線の中をくぐらせてピンセットで通し、交点を待ち針でしっかりとめる。(横2本、縦3本)

⑧
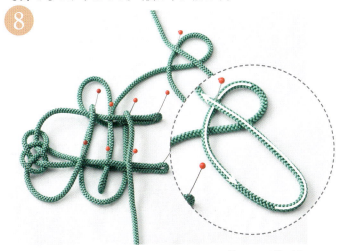

続いて、右側のあわびを作る用意をする。(「あわび結び」P56参照)

⑨
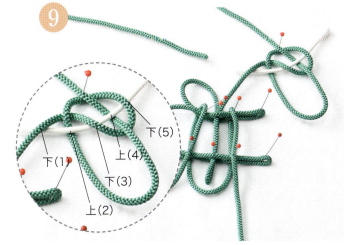

写真の順番どおりに綿棒を挿し、そこにひもをくぐらせて、あわび結びをする。ここでは、あわびの下の輪を8cmくらいに長くする。(「あわび結び」P56参照)

⑩
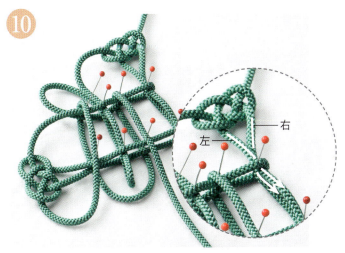

⑨で結んだあわびの下の長い輪を、右を下、左を上にして折り、横線の右端に、ピンセットを使って通す。交点を待ち針でとめる。(横2本、縦4本)

11

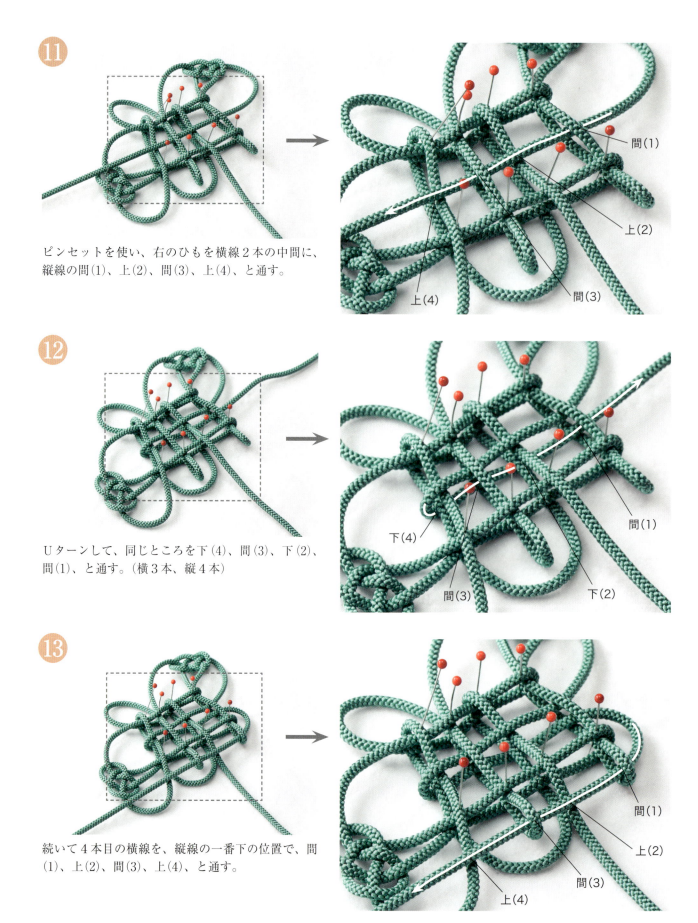

ピンセットを使い、右のひもを横線2本の中間に、縦線の間(1)、上(2)、間(3)、上(4)、と通す。

間(1)
上(2)
上(4)
間(3)

12

Uターンして、同じところを下(4)、間(3)、下(2)、間(1)、と通す。(横3本、縦4本)

下(4)
間(3)
下(2)
間(1)

13

続いて4本目の横線を、縦線の一番下の位置で、間(1)、上(2)、間(3)、上(4)、と通す。

間(1)
上(2)
間(3)
上(4)

⑭

⑬の道のりをUターンして、下(4)、間(3)、下(2)、間(1)、と通す。(横4本、縦4本)

間(1)
下(2)
間(3)
下(4)

⑮

待ち針をはずす。

⑯

中心

左、右、と、片方ずつ、少しずつ締めていく。

⑰

2回くらい締めたところで、井桁の部分をよく締める。(待ち針は、白が左側、赤が右側起点)

⑱

井桁が締まって動かしにくいので、やっとこやピンセットを使い、蝶々のはね、左右のあわび結びの大きさや向きなどを念入りに整える。

⑲

上のはねが大きく、その下にあわびが左右対称に広がり、下のはねが小さくできたら完成。

華やかな結び

基本の結び ❻ 唐蝶結び（下向き）

唐蝶結びは、上向きと下向きとを
向い合せにするととても豪華になります。
小物入れの留め具の部分や、
バレッタなどにも応用できます。
2本どりで結ぶと、さらに華やかです。

[材料]
太さ3.5mmのひも　約180cm

①

ひもの中心を確認し、待ち針でしっかりとめる。

②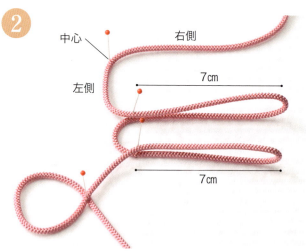

左側のひもを折って7cmの横線を2本作り、最後に輪を作る。形を作りながら、要所を待ち針でしっかりとめる。（横2本）

③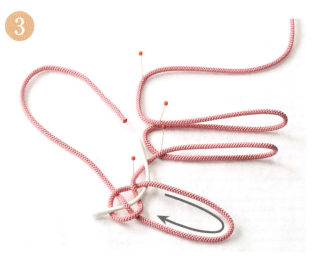

②の最後に作った輪の下を通って、右横が7cmのあわび結び（P56参照）をする。この時、ひもの通り道に綿棒を挿しておくとわかりやすい。

④

右横を長くしたあわび結びができたところ。

5 右側 中心

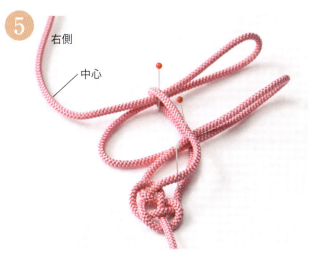

④で結んだあわび結びの、右の長い部分を横線2本にかぶせる。（横2本、縦1本）縦線と横線の重なっているところを待ち針でしっかりとめる。

6

続いて、ひもを上から下にかぶせて2本目の縦線を作り、交点を待ち針でしっかりとめる。（横2本、縦2本）

7

残しておいた右側のひもを折りたたみ、縦線2本の中間の位置に、ピンセットを使って横線のひもの間をくぐらせる。交点を待ち針でしっかりとめる。（横2本、縦3本）

8

さらにひもを折りたたみ、横線の一番右端にピンセットを使ってくぐらせる。交点を待ち針でしっかりとめる。（横2本、縦4本）

9 間(1) 上(2) 間(3) 上(4)

右上をループ状に残して、横線2本の中間の位置に、縦線の間(1)、上(2)、間(3)、上(4)、とひもを通す。

10

右上のループを写真のようにねじり、重なったところを待ち針でとめる。

⑪
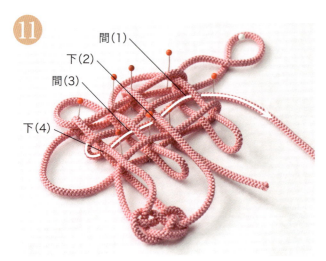

⑨の道のりをUターンして、下(4)、間(3)、下(2)、間(1)、と通す。(横3本、縦4本)

⑫

⑩でねじって作った、右側の輪の下を通る。

⑬
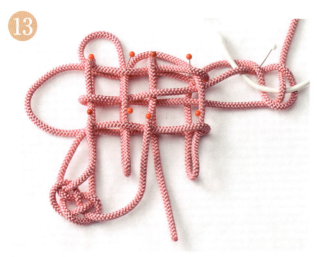

続いて、右のあわびを結ぶ。通り道にあらかじめ綿棒を入れておくとよい。

⑭

⑬のあわびを結んだところ。

⑮
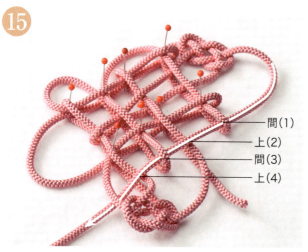

ピンセットを使い、縦線の一番下に、間(1)、上(2)、間(3)、上(4)、と4本目の横線を通す。

⑯
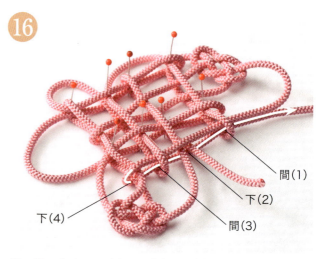

⑮の道のりを、下(4)、間(3)、下(2)、間(1)、と通ってUターンする。(横4本、縦4本)

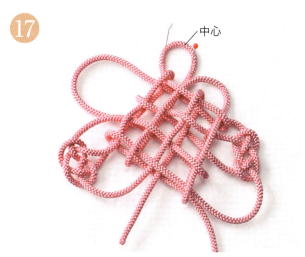

交点をとめていた待ち針を外す。（写真の待ち針は白が左、赤が右側のひもの起点）

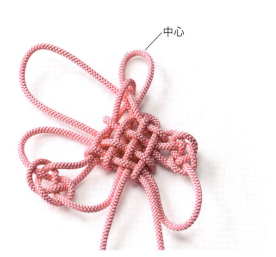

右側を、ひもの中心から道のりを順にたどって少しずつ締める。

同様に、左側を締める。

⑱⑲を2回〜3回くらい繰り返し、蝶の大きさが小さくなってきたら、中心の井桁をよく締める。

最後に、左右のはねの大きさをそろえる。（3回くらいかけて少しずつ）上のはねは小さく、あわびの向きがそろって下のはねが大きくなれば完成。
※井桁が締まるとひもが動かしにくいので、やっとこやピンセットを使い分けてください。

基本の結び ❼

髪飾り結び

ポイント結び

巾着袋の端の飾りにしたり、
つゆ結びや玉結びと交互に結ぶと、
とても素敵になります。
2本どりで結ぶのもおすすめです。

[材料]
太さ3.5mmのひも　約90cm

1
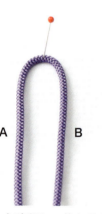

ひもの中心を確認し、待ち針を深く刺す。左右のひもでUの字を1つずつ作る。

2
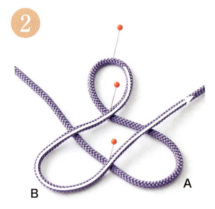

左のU字Aを右へずらし、その上に右のU字Bを置いて、交点を待ち針でしっかりとめる。

3
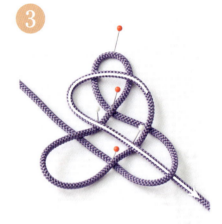

右上にのびていたひもを写真のようにおろして上、上、下と通し、待ち針でとめる。(白の2本)

4

上部の2つの輪に、上、下、上、下と綿棒を挿し、左上へ伸びていたひもを、ピンセットで通す。

5

写真の矢印は、④を通したところ。引き続き、写真の綿棒を挿したところへ、上、下、上、下、上と通す。

6

完成。締め加減は用途に合わせて調節する。P94の原寸見本を参照。

ポイント結び 基本の結び ❽ 几帳結び

シンプルですが、他のものと組み合わせやすいので、いろいろなものに応用できます。
特に、つゆ結びや玉結びと連続結びをすると、派手になりすぎず、素敵な飾り結びになります。

[材料]
太さ3.5mmのひも　約60cm

 1

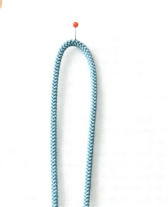

ひもの中心を確認し、待ち針で印をつける。

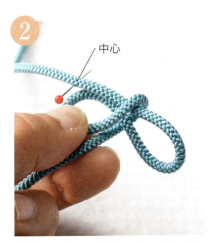

右側のひもを、写真のようにたたむ。この時、左手でしっかりと持っていること。

左側のひもを折って、②の右の輪に挿し入れる。

続いて、ひもの端をピンセットでつまみ、間、上、間と通す。

続いて、下、間と通す。

ひもの道のりをたどりながら、左右の輪が同じになるように大きさを整え、引き締める。

基本の結び ⑨ 叶結び

ポイント結び

結び目の表が口の字、裏が十の字になり、合わせて「叶」の字になるところから、縁起がいいとされる結びです。華やかな結びの間に入れると、バランスがとても良くなります。

[材料]
太さ3.5mmのひも　約50cm

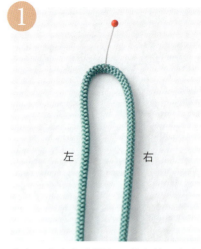

① ひもの中心を確認し、待ち針で印をつける。

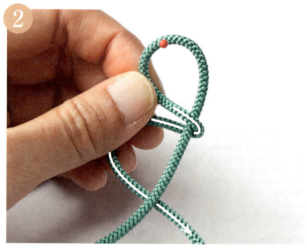

② 右のひもを芯に、左のひもを上、下、下、となるように動かし、上の輪の部分を左手でしっかり持っておく。

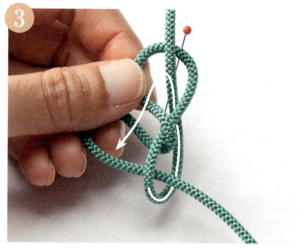

③ 芯にしてあった右のひもを下から上にあげ、上の輪の中を通してすぐに下へ折り返し、下の輪に通す。

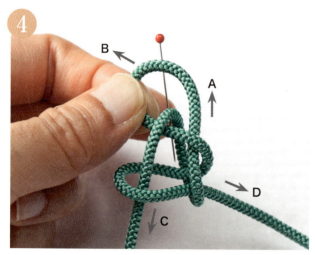

④ ABCDを引いて締める。

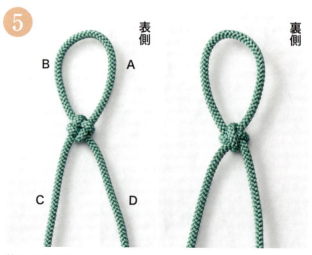

⑤ 締めたところ。

ポイント結び 基本の結び ⓿ つゆ結び

シンプルな結びですが、巾着袋のひもの
仕上げに3回ぐらい連続して結ぶと、
落ち着いた感じの上品な仕上がりになります。
玉結びと相性のいい組み合わせです。

[材料]
太さ3.5mmのひも　約18cm

①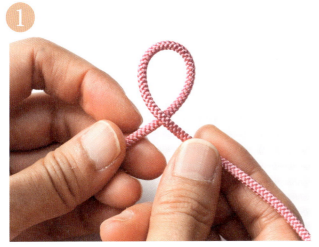

右のひもの上に左のひもを置く。

②

交点を左手で押さえ、右側のひもを、輪の後ろを一回りさせて右の輪に上から入れる。

③

④

締めて完成。

基本の結び ⑪ 釈迦結び

（ポイント結び）

お釈迦様の頭髪の、巻貝のような形に似ているので釈迦結びと呼ばれます。飾り結びで留め具を作るときの、留めボタンの役目をします。

[材料]
太さ3.5mmのひも　約50cm

1
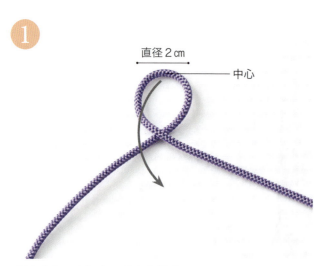

右のひもの上に左のひもを置く。

2

①の輪の部分を真下へ倒す。

3
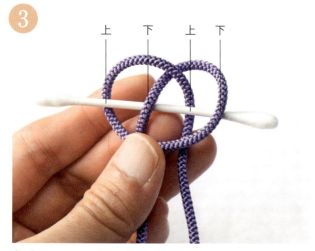

左手でしっかり押さえて、通り道に右から下、上、下、上と綿棒を挿し入れる。

4
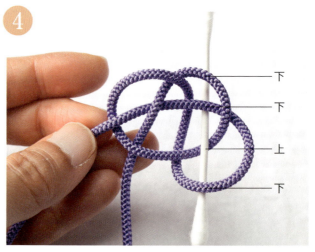

右側のひもを③の道のりに通し、続けて次の道のりに下から下、上、下、下と綿棒を挿し入れる。

⑤

引き続き④で通したひもを綿棒のところに通す。

⑥

この形で、写真のようによく引き締める。

⑦

真ん中の部分をピンセットで引き上げる。

⑧

締める途中でもぐってしまわないように、引き上げたところを待ち針でとめておく。

⑨

周りを、3回くらいかけて根気よく締める。

⑩

真ん中

中心の盛り上がりを残してきれいに丸く仕上げる。

基本の結び ⑫ 玉結び

釈迦結びはひもの始めに結びますが、
ひもの途中から玉にしたいときには玉結びをします。

[材料]
太さ3.5mmのひも　約35cm

①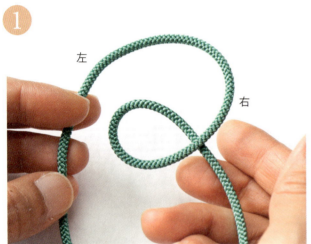

右側に写真のような輪を作る。

②

①の輪を左側のひもにのせる。

③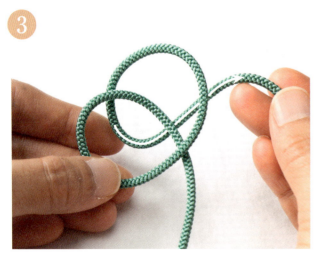

写真のように左のひもを持ち上げる。

④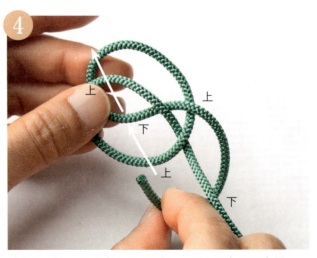

持ち上げたひもを輪の上にだし、下のひもの下を通って、上、下、上、と縫うように進む。

⑤

写真の形になっていることを確認する。

⑥

中央の穴

左右のひもを引き締める。

⑦

中央の小さな穴に、右のひもは大きな輪の後ろから、左のひもは大きな輪の前から、それぞれ通す。

⑧

⑨

引き締めながら、上の輪が丸く仕上がるように整える。

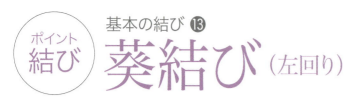

ポイント結び 基本の結び⑬ 葵結び（左回り）

左回りと右回りで、左右対称に結べるのが魅力です。
香り袋の上の飾り結びによく合います。

[材料]
太さ3.5mmのひも　約30cm

1

写真のように数字の6を描くようにセットする。

2

①の矢印のように下のひもを持ち上げ、輪の上にのせる。

3

続いて、上に来ているひもの下を通して、2つの輪が重なったところを上、下、上、下と通す。

4

上 下 上 下

5
用途に合った大きさに引き締めて出来上がり。

ポイント結び　基本の結び ⓭ 葵結び（右回り）

[材料]
太さ3.5mmのひも　約30cm

1

写真のように1つ輪を作る。

2

下のひもを①の矢印のように持ち上げ、輪の上にのせる。

3

続いて、上に来ているひもの下を通り、2つの輪が重なったところを上、下、上、下と通す。

4

上
下
上
下

5

用途に合った大きさに引き締めて出来上がり。

基本の結び ⑭ あわび結び

ポイント結び

1つで結んでも素敵なワンポイントになりますが、連続して結ぶと、作品例のバレッタやぞうりホルダーのように、応用範囲がたいへん広がります。

[材料]
太さ3.5mmのひも　約40cm

1
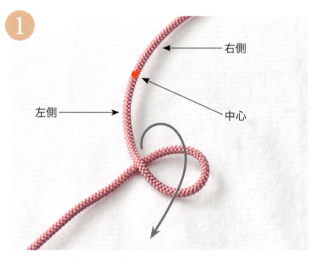
ひもの中心部に、写真のように輪を作る。

2

①の矢印のように、輪の上に右のひもをのせる。

3

右のひもを、左のひもの下を通って上に持ち上げ、矢印の位置に上、下、上、下と挿し入れる。

4

5

締めて完成。

ポイント結び　基本の結び ⓯ けさ結び

フォーマルな結びですが、
アクセサリー入れの留め具などにもよく合います。
お香袋の飾りひもにする時には、
2本どりで結んだ方が豪華に仕上がります。

[材料]
太さ3.5mmのひも　約100cm

❶
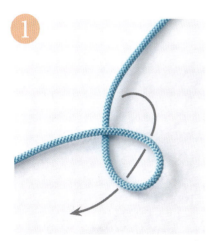

写真のように、ひもを交差させて輪を作る。

❷

①の矢印のように、上のひもを、輪の下を通して下方へおろす。

❸

そのまま、左のひもの下を通って上まで引き上げて戻す。

❹
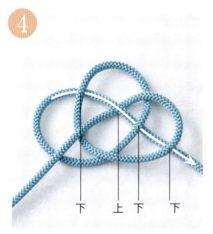

続けて写真のように下、上、下、下、と縫うように通す。

❺

④の結び終わりがきちんととまっていないので、写真のように綿棒を入れて仮どめする。

❻
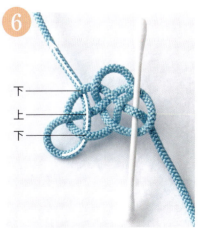

左側の綿棒を入れたところに、下から順に下、上、下、と通す。

⑥でできた輪の上に、ひもをのせるようにしておろす。

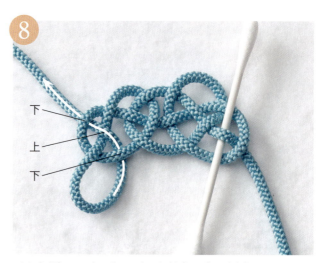

下から順に、下、上、下、と縫うように通す。

⑦⑧をもう一度繰り返す。

右側の綿棒を入れたところを、右のひもで下から順に上、下、上、と通す。

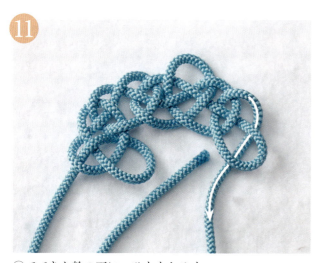

⑩でできた輪の下に、ひもをおろす。

下から順に、上、下、上、と縫うように通す。

13

⑪⑫をもう一度繰り返し、全体の結び目を引き締めておく。

14

左の輪の上にひもを置いて、綿棒で仮どめする。右の輪の下にひもを置いて、綿棒で仮どめする。ひもの最後は、右のひもの上に左のひもをクロスする。

15

右のひもを、下から、綿棒の通っているとおりに下、上、下とくぐらせる。

16

⑮のひもを下へおろし、右側へ流す。

17

左のひもを、隣のひもの下を通って、上(1)、下(2)、上(3)、と縫うように上げていく。

18

そのまま左へ、下(1)、上(2)、下(3)、と通していく。

19

全体をバランスよく引き締め、整えて完成。

房の作り方 ❶
ほぐし房

飾り結びの最後に、玉結びやつゆ結びをして、
残りのひもをほぐして作る、簡単な房です。
作品例では、クッションカバー、ランチョンマット、
トートバッグ、巾着、
蛤のお飾りなどで使っています。

[材料]
太さ3.5mmのひも　約40cm

①玉結びを結び、残りのひもを10cmくらいにそろえて切る。

②先のとがったピンセットで、ひもの端から玉結びの根元までほぐす。

③全部ほぐし終わったところ。

④水によく浸す。

⑤ピンセットで水気を絞る。

⑥濡れているところへ蒸気アイロンをかける。④〜⑥を3回ほど繰り返す。

⑦適当な長さに切りそろえる。

房の作り方 ❷
足し房

ほぐし房に4倍の別房を足して作る、
ボリュームのある房です。

[材料]
太さ3.5mmのひも　60cm 1本（A）
太さ3.5mmのひも　25cm 4本（B）
絹糸少々

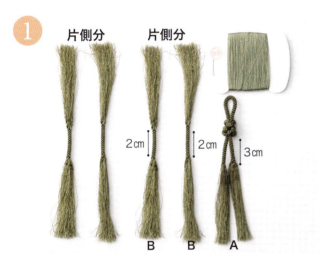

A 60cmのひもで、つゆ結びと玉結びの連続結びをする。結びから3cmくらいを残し、端からきれいにほぐす。

ほぐし終わりは糸でとめておく。**B** 25cmのひもを4本、中心部分を2cm残して糸でとめ、端からほぐす。

A の、ほぐした房の片方を玉結びの方に倒して、糸でとめておく。

B は二つ折りにして、ほぐし残した部分の端を糸でぐるぐると巻いてとめておく。

⑤

Aの玉結びの方へ倒した房を、Bの房2本ではさむ。

⑥

3つの房の糸で巻いた部分をそろえて、全体を糸でしっかりと巻きとめる。

⑦

さかさまにして傘のように広げる。

⑧

1.5㎝くらい下を、糸でぐるぐると巻いてとめる。

⑨

片方完成。もう片方についても、③〜⑧と同様にする。

⑩

両方完成。

作り方の基本テクニック

【基本の縫い方】

半返し縫い
縫い目のよく締まる縫い方で、
ほとんどの箇所をこの縫い方で行う。

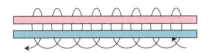

【端の折り方】

表布は横から、裏布は縦から図のように組み合わせる。

【星まつり】

最後の仕上げに行う、ごく小さな
縫い目の表に目立たない縫い方。

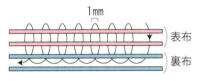 

【釈迦結びの裏の始末】

 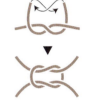

【わの始末】

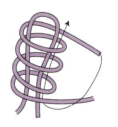 

【胴突き】

最初の止め方

 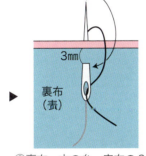

①裏布から針を出し、表布の山から針を抜く。

②裏布、中の糸、表布の3つをまとめ、裏布の3mm下からまっすぐ刺す。できた輪に右から左へ針を通し、糸を締める。

【千鳥かがり】

かがり方

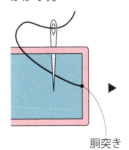 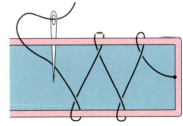

終わりの始末

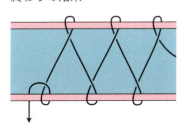 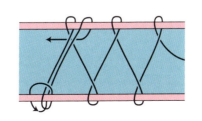 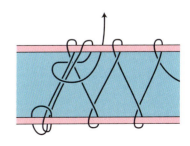

4ページ掲載

ブルーの巾着

サイズ　タテ16cm×ヨコ19cm×マチ7cm

【結び】

上　つゆ結び、几帳結び

下　つゆ結び、玉結び

【材料】

表布（モラのアップリケ布）　タテ60cm×ヨコ50cm　マチ9cm幅×長さ43cm

裏布　タテ32cm×ヨコ50cm　マチ9cm幅×長さ43cm

ひも　3.5mmのひも150cmを2本

①表布と表マチを中表にし、縫いつける。（☆から☆まで）
②裏布と裏マチも①同様に縫い、表に返す。
③表の折り返しを折って、内袋に入れ、ミシンをかける。
④③の1.5cm上にミシンをかける（ひも通し口）。表に返す。
⑤ひも150cmの中心につゆ結び2個、几帳結び、つゆ結びを結ぶ。（2本同様に結ぶ）
⑥⑤をひも通し口に左右から通す。
⑦ひもの端につゆ結び2個、玉結びをし、先端をほぐし、房にする。

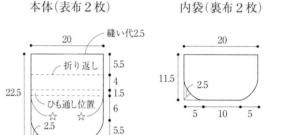

【製図】※単位はcm、縫い代指定のないところは1cm

【作り方】

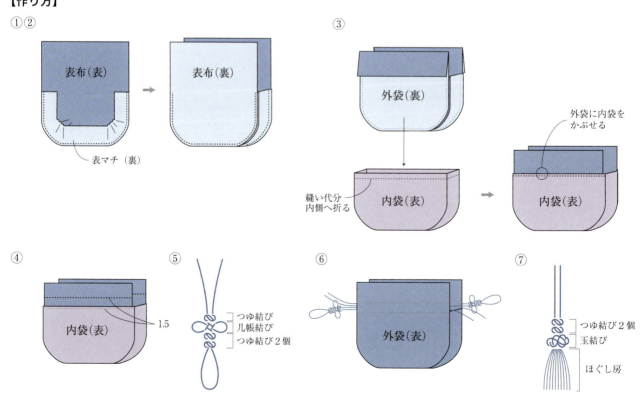

4ページ掲載

巾着のトートバッグ

サイズ　タテ23cm×ヨコ29.5cm×マチ8.5cm（持ち手部分含まず）

【結び】

つゆ結び、玉結び

【材料】

表布（ベルベット）　タテ90cm×ヨコ70cm　マチ10.5cm幅×長さ63cm
裏布　タテ46cm×ヨコ70cm　マチ10.5cm幅×長さ63cm
持ち手　1.5cm幅×44cmを2本
ひも　4.5mmのひも160cmを2本

①表布と表マチを中表にし、縫いつける。（☆から☆まで）
②裏布と裏マチも①と同様に縫い、表に返す。
③表の折り返しを折って、内袋に入れ、持ち手をはさみ、ミシンをかける。
④③の2cm上にミシンをかける（ひも通し口）。表に返す。
⑤ひもをひも通し口に左右から通す。
⑥ひもの端につゆ結び2個、玉結び、つゆ結び2個を結ぶ（2本同様に結ぶ）。先端をほぐし、房にする。

【製図】※単位はcm、縫い代指定のないところは1cm

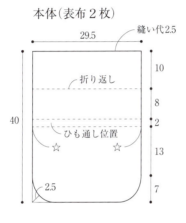

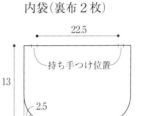

【作り方】

① ②

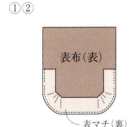

③

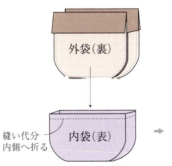

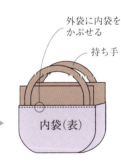

④

⑤

⑥

5ページ掲載
小物入れ（グリーン）飾りボタンの結び方

（A）釈迦結び側―釈迦結びの下に、玉房結びがしてある。
（B）輪を作る側―玉房結びの下に玉結びがしてある。

Aの釈迦結びの真下を縫って、糸でぐるぐる巻く。

花びらに必要な長さを残して片方のひもを短く切る。

井桁を緩めてボンドをたらし、③で用意した花びらの端をきれいに入れ込む。

もう片方のひもをギリギリの長さで切り、④と同じ井桁の中に入れ込んできれいにかくす。

Bの玉結びの真下に、片方のひもで写真のように輪を作る。

もう片方のひもを、輪の周りに3回巻く。

ピンセットを使って、ぐるぐると巻いたひもを下から上に通し、緩んだところを締める。

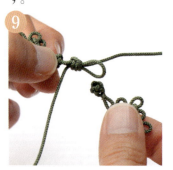

釈迦結びが輪に入るか、きちんと留まるか、輪の大きさを確認する。

大きさが決まったら、輪の根元の上下両方に、目打ちを使ってボンドをつける。

輪を作った残りのひもを切る。

縫いつけるときは、花びらではなく井桁の部分を縫うようにすると美しく仕上がる。

5ページ掲載

小物入れ（グリーン）

サイズ　タテ18cm×ヨコ14cm

【結び】
玉房結びの飾りボタン、釈迦結び、玉結び

【材料】
表布（幾何学模様変わり織り）
タテ50cm×ヨコ17cm
裏布　タテ50cm×ヨコ17cm
ひも　1mmのひも100cmを2本

【製図】※単位はcm、縫い代指定のないところは1cm

本体後ろ（表布、裏布各1枚）

本体前（表布、裏布各1枚）

5ページ掲載

小物入れ（グレー）

サイズ　タテ11.5cm×ヨコ14cm

【結び】
菊結び、釈迦結び

【材料】
表布（インド綿　刺しゅう）
タテ35cm×ヨコ17cm
裏布　タテ35cm×ヨコ17cm
ひも　1mmのひも90cm

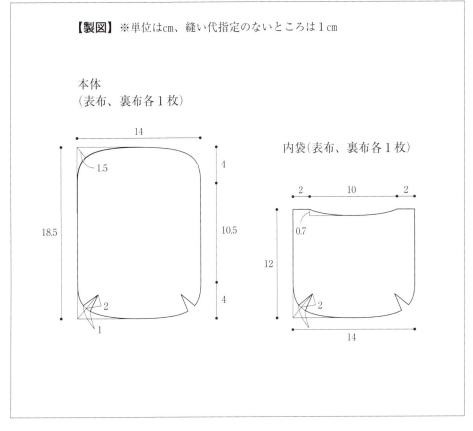

【製図】※単位はcm、縫い代指定のないところは1cm

本体（表布、裏布各1枚）

内袋（表布、裏布各1枚）

小物入れ（作り方）

①すべてのダーツを縫う。
②本体前の口を縫う。裏地を3mm控えて待ち針を打ち、半返し縫いで縫う。アイロンをかける。
③縫い代を裏地の方に倒し、表に返す。
④③をはさむように図のように布を置き、縫う。
⑤縫ったところにアイロンをかけ、縫い代を裏地の方に倒す。返し口から表に返す。
⑥返し口を星まつり（P63参照）でとじる。
⑦飾り結びをし、縫いつける。

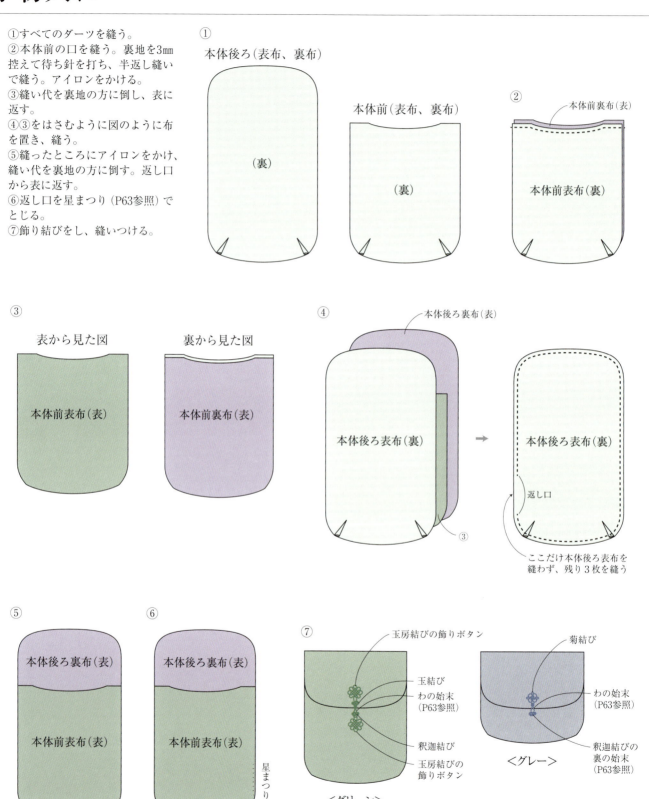

6ページ掲載
化粧ポーチ

サイズ　タテ11cm×ヨコ15cm×高さ9cm

【結び】
（巾着）　つゆ結び、玉結び
（ポケット）　梅結び、釈迦結び

【材料】
表布（麻布段染め）　タテ62cm×ヨコ30cm
裏布　タテ82cm×ヨコ35cm　ひも　2mmのひも60cmを3本
接着芯　タテ62cm×ヨコ30cm　ファスナー　45cm

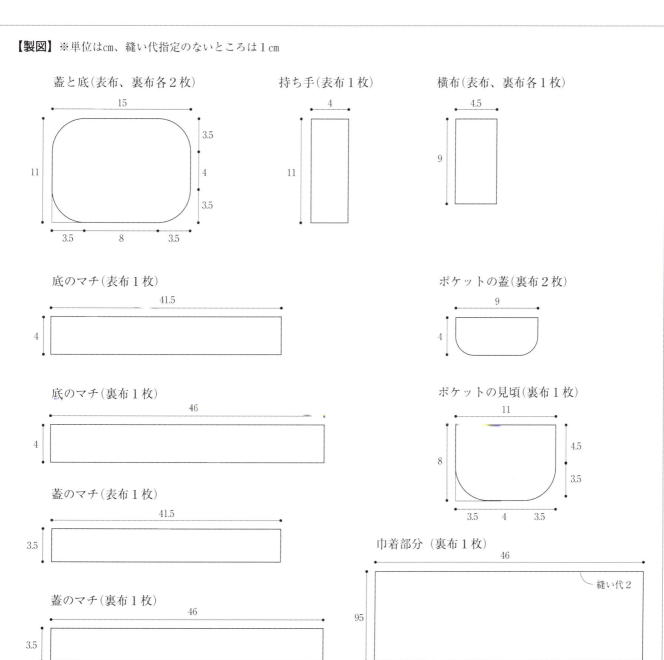

【製図】※単位はcm、縫い代指定のないところは1cm

化粧ポーチ（作り方）

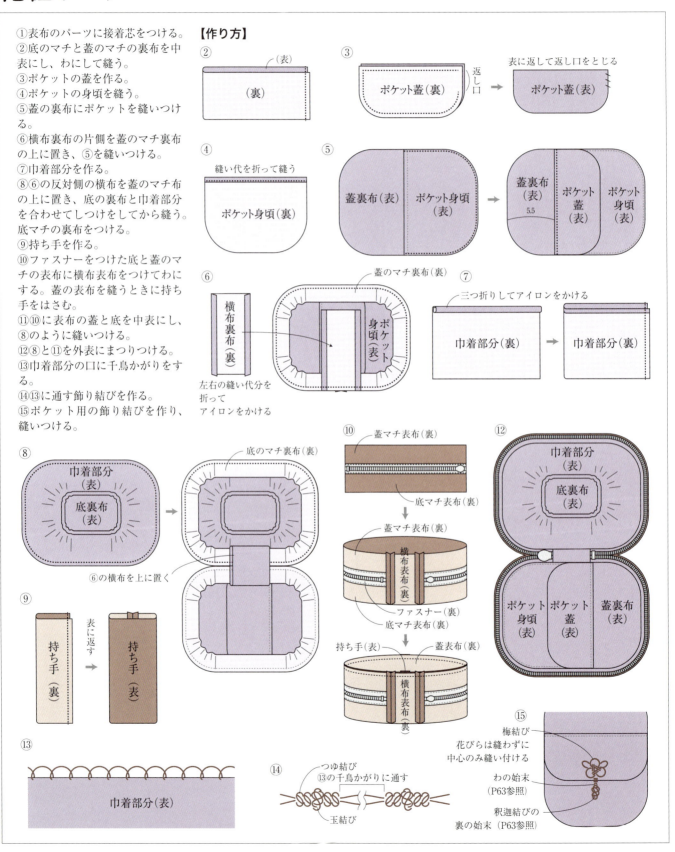

7ページ掲載

名刺入れ A・B

サイズ　タテ7.5cm×ヨコ10.5cm

【結び】

A：梅結び、釈迦結び　B：玉結び、几帳結び、釈迦結び

【材料】

表布　タテ21×ヨコ13cm
裏布　タテ20cm×ヨコ11.5cm
ネル　タテ19cm×ヨコ10cm
ひも　2mmのひも70cmを2本　その他、和紙のはがき　かがり糸　やまとのり　ボンド

①和紙のはがきに寸法を書いて切る。
②和紙のまわりにボンドをつけ、ネルを接着し、和紙と同寸で切る。
③②の和紙の縁にボンドをつけ、表布を貼る。
④点線部分に浅く切れ目を入れ、折り曲げる。
⑤もう1枚の和紙の縁にボンドをつけ、裏布を貼る。
⑥表側に釈迦結びをとめる。
⑦表側と裏側の全面をやまとのりとボンドをまぜたもので接着し、図のように曲げる。
⑧脇に5mm間隔で千鳥かがりをする。（P63参照）
⑨表側に梅結びを縫いつける。

【製図】※単位はcm、縫い代指定のないところは1cm

本体(表布、ネル、和紙 各1枚)
※和紙のみ縫い代なし

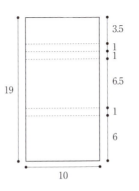

本体内側(裏布、和紙 各1枚)
※和紙は縫い代なし

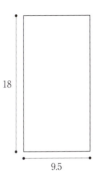

【作り方】

②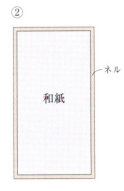

③

④

⑤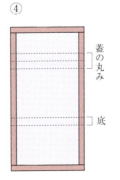

⑥

目打ちで穴を開けひもを通して裏で結ぶ(P63参照)

⑦ 横から見た図

⑧

⑨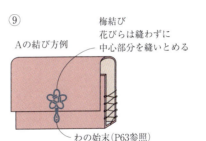

梅結び
花びらは縫わずに中心部分を縫いとめる

Aの結び方例

わの始末(P63参照)

7ページ掲載

扇子入れ A

サイズ　タテ24.5cm×ヨコ3cm

【結び】
A：釈迦結び、几帳結び、玉結び
B：釈迦結び、つゆ結び、梅結び

【材料】
表布　タテ35cm×ヨコ8.5cm
裏布　タテ35cm×ヨコ8.5cm
ひも　1mmのひも70cm

①扇子のサイズをはかり、型紙を作る。
②表布、裏布をそれぞれ中表にし、縫い止まりまで縫う。
③外袋の縫い代を片方に倒して表に返す。
④内袋に扇子を入れたまま③に入れる。
⑤蓋部分を星まつりで縫う。(P63参照)
⑥飾り結びを作る。
⑦⑤に⑥を巻きつけてとめる。

【製図】
※単位はcm、縫い代指定のないところは1cm

本体(表布、裏布 各1枚)

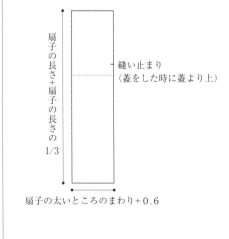

【作り方】

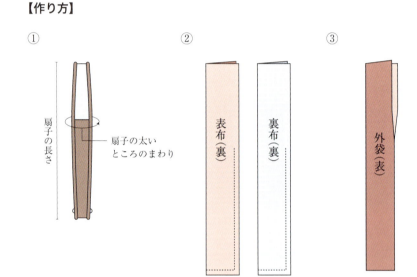

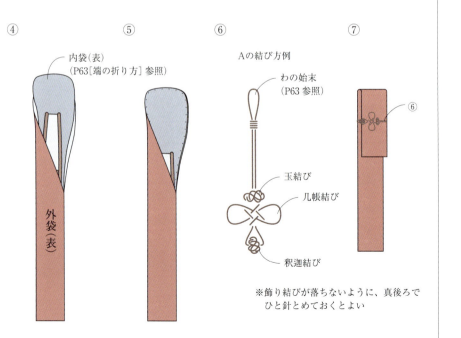

※飾り結びが落ちないように、真後ろでひと針とめておくとよい

7ページ掲載

タブレット入れ

サイズ　タテ28cm×ヨコ23cm

【結び】
玉房結び、釈迦結び

【材料】
表布（アジアの山岳民族の衣装）　タテ30cm×ヨコ25cm
裏布　タテ30cm×ヨコ25cm
ネル　タテ30cm×ヨコ25cm
ひも　2mmのひも150cmを2本　その他、厚紙　かがり糸　やまとのり　ボンド

①タブレットと同じ寸法を厚紙にとる。（4枚）
②①のまわりにボンドをつけてネルを貼り、厚紙と同寸で切る。
③②の厚紙の縁にボンドをつけ、表布・裏布をそれぞれ貼る。
④③の全面にやまとのりとボンドをまぜたものをのばし、表と裏を組みにしてそれぞれ貼り合わせる。
⑤アイロンで乾かす。
⑥側面に5mmの間隔で千鳥かがりをする。
⑦飾り結びをし、表裏の中心に縫いつける。

【製図】
※単位はcm、
縫い代指定のないところは1cm

本体（表布、裏布 各2枚
ネル、厚紙 各4枚）
※厚紙のみ縫い代なし

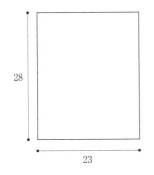

【作り方】

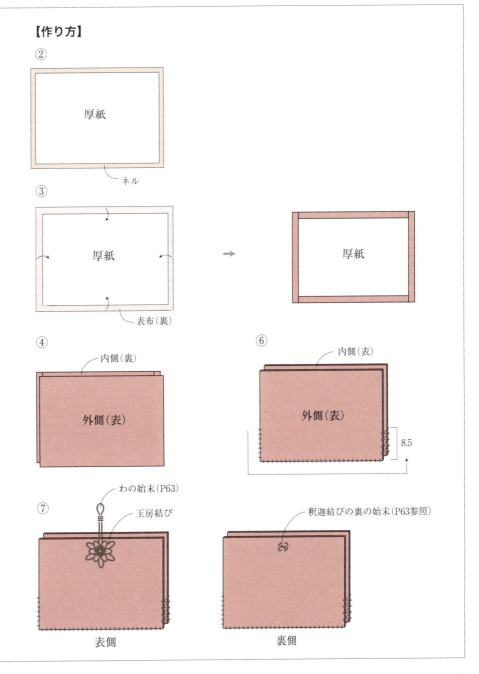

8ページ掲載

バレッタA

サイズ　幅3cm×長さ12cm
【結び】
あわび結び、梅結び
【材料】
ひも　2mmのひも（深緑）　2mを2本
ボンド

① 2本のひもをそろえて、中心を確認する。

② あわび結びを1つ結ぶ。

③ 梅結びを結ぶ。

④

⑤ あわび結びをする。

⑥ 梅結びをする。

⑦

⑧ あわび、梅、あわび、梅、あわび、梅、あわび、の順で結び、あわび結びの終わりをひっくり返してボンドでとめて、完成。

留め具の処理（バレッタA、バレッタB共通）

① バレッタにたっぷりボンドを塗る。

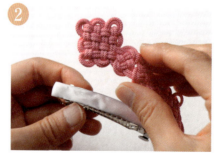
② 飾り結びの真ん中を持って貼る。

③ しばらく置いて、乾いたら完成。

8ページ掲載
バレッタB

サイズ　幅3.8cm×長さ10cm
【結び】
玉房結び、あわび結び
【材料】
ひも　2mmのひも（金茶色）　2mを2本
ピケ（ほつれ止め）
ボンド

①
2本のひもをそろえて、中心を確認する。

②
2本で玉房結びをし、よく締めて形を整え、あわび結びを3回続けて結ぶ。

③
もう一度玉房結びをする。

④
締め終わったら、井桁の間をピンセットで何度か刺すと、きれいに整う。初めの玉房結びも同様にする。

⑤
終わりの始末に必要な長さを残して切る。

⑥
すぐにピケ（ほつれ止め）をして、ほつれないようにする。

⑦
裏側の写真の位置の井桁を緩める。

⑧
緩めたところにボンドをたらす。

⑨
片方は、収められる長さを残して切り、井桁の中にかくす。

⑩
ひもの端を、ボンドをたらしたところへ入れ込んで新しい花びらを作る。

⑪
完成。

9ページ掲載
グラスコード
サイズ　長さ107cm
【結び】
つゆ結び、几帳結び、玉結び、叶結び
玉房結び、髪飾り結び、八重菊結び
【材料】
ひも　1mmのひも6m
グラスホルダー金具　2個
ボンド

9ページ掲載
のりげのネックレス
サイズ　長さ72cm
【結び】
つゆ結び、几帳結び、玉房結び、玉結び
【材料】
ひも　1mmのひも4mを2本
のりげ　1個

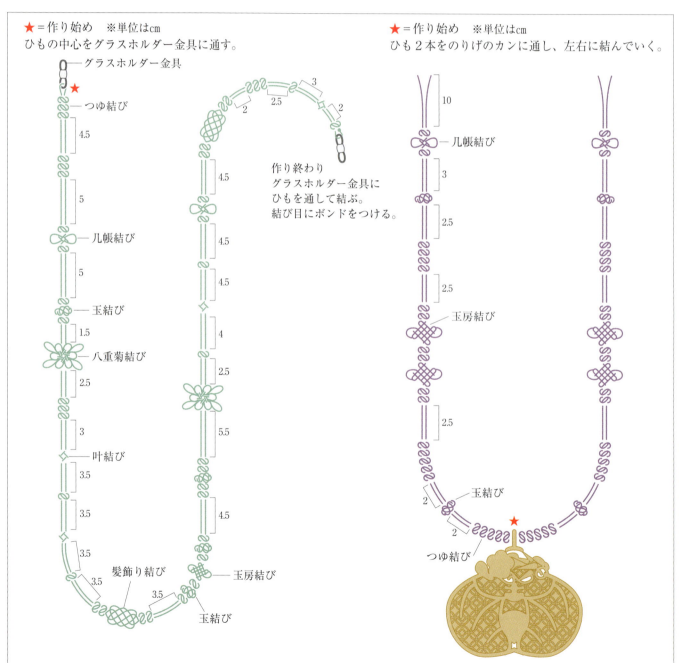

10ページ掲載

箸ケースA・B

サイズ　タテ23.5cm×ヨコ3cm

【結び】
A：菊結び、釈迦結び
B：玉房結び、釈迦結び

【材料】
表布　タテ20×ヨコ29cm
裏布　タテ20cm×ヨコ29cm
ひも　1mmのひも100cm

【製図】※単位はcm、縫い代指定のないところは1cm

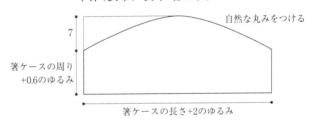

本体(表布、裏布 各1枚)

①箸ケースの寸法をはかり、型紙を作る。
②上の丸み部分を縫う。その時、裏布を表布より少し控えて待ち針を打つ。
③縫い代を裏側に倒し、表に返す。(こうすると、裏布にきせがかかる)
④表の縫い代と裏の縫い代をきれいにたたみこんで星まつりをする。(P63参照)
⑤★同士☆同士を合わせてたてまつりを3回する。
⑥⑤をそれぞれ三つ折りし中心を縫う。
⑦表布が外にくるように返す。
⑧飾り結びを作る。

【作り方】

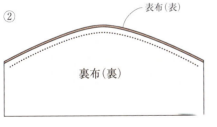

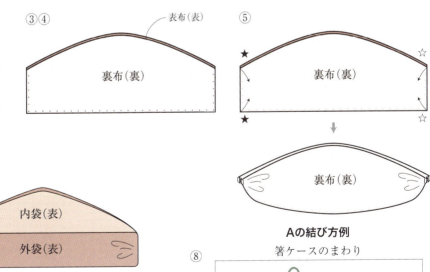

11ページ掲載

バッグタッセル（グリーン）

サイズ　長さ19cm
【結び】
つゆ結び、玉結び、八重菊結び、足し房
【材料】
ひも　1mmのひも150cm
コットンパール　1個

11ページ掲載

バッグタッセル（ピンク）

サイズ　長さ18cm
【結び】
つゆ結び、玉房結び、玉結び、足し房
【材料】
ひも　1mmのひも150cm
コットンパール　1個

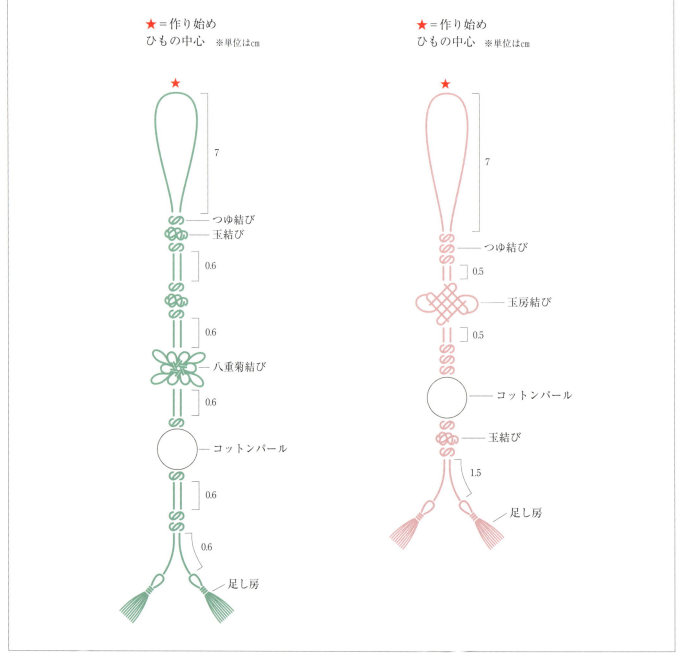

12ページ掲載
ぞうりホルダー

サイズ　幅3.5cm×長さ18cm

【結び】
玉房結び、あわび結び、玉結び

【材料】
ひも　2mmのひも　180cmを2本
ピケ（ほつれ止め）

①

2本のひもをそろえて、中心を確認する。

②

上の穴を1.8cmくらいとって玉房結びをし、次にあわび結びを7回連続で結ぶ。

③

あわび結びが完成したところ。

④

玉結びをする。

⑤

⑥
②の玉房結びの穴に玉結びを入れてみて、様子を確認する。残ったひもを切りそろえてピケ（ほつれ止め）をする。

12ページ掲載

アクセサリー入れ

サイズ　タテ10cm×ヨコ14cm

【結び】
けさ結び、玉結び、釈迦結び

【材料】
表布（インドサリー）　タテ28cm×ヨコ29cm
裏布　タテ28cm×ヨコ29cm
ひも　2mmのひも100cmを2本
やまとのり　ボンド　和紙

①和紙に型紙をうつし、周りに1.5cmののりしろをつけてカットする。
②和紙ののりしろにのりをつけ、表布に貼る。
③裏布はかぶせの3辺を除き、平らに貼る。
④表布のイ、ロを中表に合わせ、ハまで待ち針を打つ。ハの1cm手前から斜めにマチの印をつける。
⑤縫い始めは2回返して固くとめ、半返し縫いで糸を引き気味に縫う。ハの1cm手前からマチを斜めに縫う。もう片方も同様に縫う。
⑥縫い終わった部分の縫い代を1.2cmに切りそろえる。両側のマチの縫い代部分に三角形の切り込みを入れる。

【製図】※単位はcm、縫い代指定のないところは1.5cm

本体(表布、和紙　各1枚)

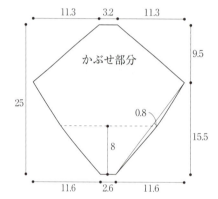

本体(裏布、和紙　各1枚)

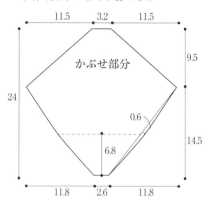

【作り方】

①②

③

④

⑤

⑥

アクセサリー入れ

⑦上の角の縫い代に切り込みを入れて★の縫い代を折る。

⑧アイロンで縫い代を割り、⑦の★をボンドでとめる。

⑨内袋も外袋と同様に縫い、外袋のみ表に返しておく。

⑩裏布ののりづけをしなかった3辺の和紙ののりしろにのりをつけ、布を引っぱりながらつれ気味に貼り合わせる。

⑪内袋の中に外袋を入れ、中表に合わせる。

⑫かぶせ部分3辺を縫い合わせる。まず、aの角をずれないようにきちんと合わせ、aから6cmのところに待ち針を打つ。続けてbの角を合わせて待ち針を打つ。表布は印どおり、裏布は印より0.3cm内側に打つ。

⑬表側から半返し縫いで縫う。縫い終わったら縫い代を1.2cmに切りそろえる。

⑭b、cの角に切り込みを入れる。縫い代を内袋側に倒し、アイロンをかける。

⑮縫い残した部分から表布を引き出し、表に返す。全体にアイロンをかける。

⑯内袋のあき口の裏にボンドをつけ外袋と接着させる。2〜3分クリップでとめてはずし、ボンドをつけた箇所を中心にアイロンをかける。

⑰飾り結びを作り、縫いつける。

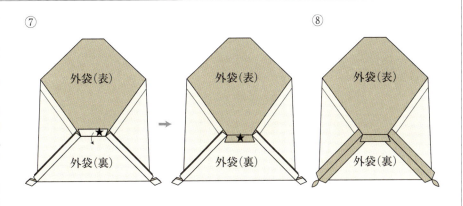
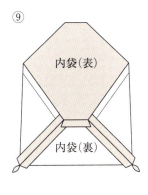

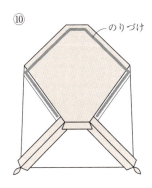
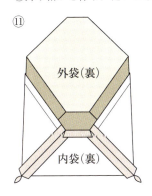
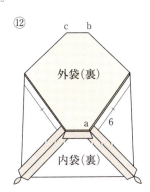
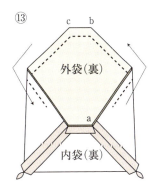
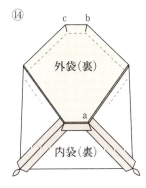
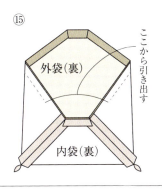
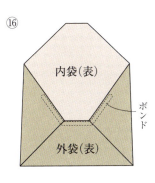
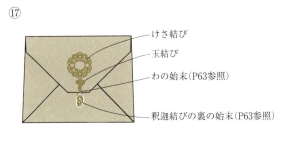

13ページ掲載

桃の香り袋

サイズ　袋タテ8cm×ヨコ8cm　掛けひも30cm

【結び】
袋の部分　　八重菊結び、あわび結び、つゆ結び
掛けひも　　釈迦結び、つゆ結び、玉結び、叶結び、几帳結び、髪飾り結び

【材料】
ひも　1mmのひも　8mを計2本
（桃部分　濃いピンクと薄いピンク）
ひも　1mmのひも　各色150cmを計2本（掛けひも用）
※ここでは分かりやすくするために濃いピンクをグリーンのひもにしています。
ピケ（ほつれ止め）

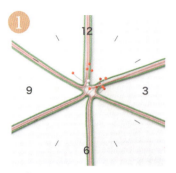

① ひもを4本どりにし、1辺約70cmの長さで八重菊結びの準備をする。

② 八重菊結びの②〜⑫の工程を行う。

③ 6つの花びらの頂点のところを切る。

④ 八重菊結びの⑬〜⑲の工程を行う。

⑤ マクラメボードの上に表側を上にして置き、安定するように待ち針でとめる。

⑥ 6枚の花びらそれぞれを2本組みのあわび結びで2段結ぶ。

⑦ 結んだところ。

⑧ 次に、ペアを変えてさらに2段、あわび結びをする。

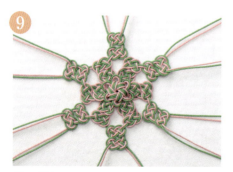

⑨ 結んだところ。

⑩ ⑨で2段結んだあわび結びを、2つ折りにする。

⑪ （ここから裏側）⑩とペアを変えて、あわび結びを2段結ぶ。

またペアを変え、あわび結びを2段結ぶ。

立体的になってきたところ。

⑬のペアのまま、つゆ結びをする。

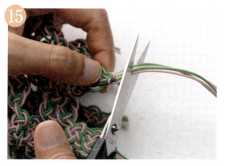
1.5cmくらい残して切る。

端にピケをつける。

掛けひもを、釈迦結びだけ結んだ状態で、⑩で2つ折りにしたところの隣り合った2か所に挿す。ここで、中に香り袋を入れる。

⑭で結んだつゆ結びを上から順に重ねる。

つゆ結びの輪の部分を別の短いひもで結んでとめる。

余分なひもの端を切って、完成。

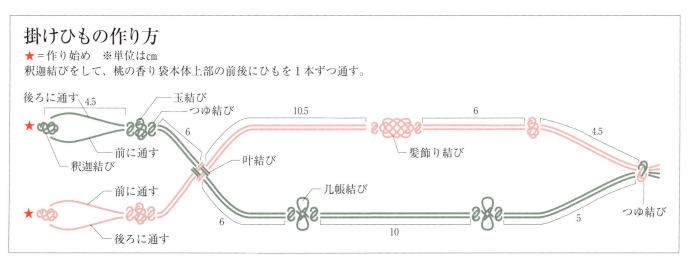

掛けひもの作り方

★=作り始め　※単位はcm

釈迦結びをして、桃の香り袋本体上部の前後にひもを1本ずつ通す。

14〜15ページ掲載
きものエプロンクリップ

サイズ　長さ53cm

【結び】
クリーム色　菊結び、つゆ結び、叶結び、几帳結び
グレー　八重菊結び、つゆ結び、叶結び、几帳結び
ブルー　玉房結び、つゆ結び、叶結び、几帳結び
ピンク　菊結び、つゆ結び、叶結び

【材料】
ひも　1mmのひも150cm〜200cmを各1本
クリップ1組　ピケ（ほつれ止め）

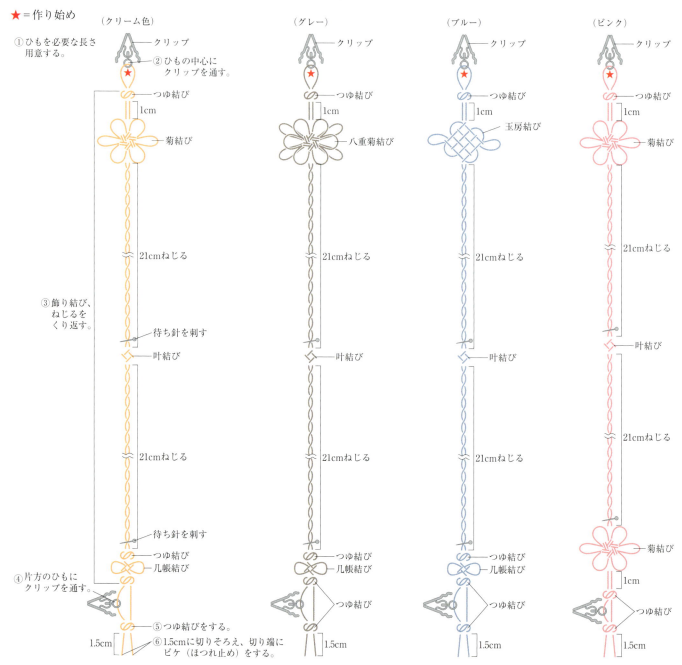

16〜17ページ掲載

gloveホルダー（右の2本）マスククリップ（左の2本）

サイズ　gloveホルダー 長さ20cm、マスククリップ 長さ15cm

【結び】
gloveホルダー　八重菊結び、叶結び、玉房結び、玉結び
マスククリップ　つゆ結び、玉結び、髪飾り結び

【材料】

gloveホルダー クリーム色
ひも　1mmのひも（クリーム色）130cm
ティアドロップビーズ（ルビー）3個
ファー（ワイン色）1個
クリップ（ブラウン）1個
ピケ（ほつれ止め）

gloveホルダー グレー
ひも　1mmのひも（グレー）130cm
ティアドロップビーズ ミニ
（フローズンティアーズ）4個
ファー（グレー）1個
クリップ（黒）1個
ピケ（ほつれ止め）

マスククリップ ブラウン
ひも　1mmのひも（ブラウン）100cm
ティアドロップビーズ（ルビー）1個
クリップ1個
ピケ（ほつれ止め）

マスククリップ ブルー
ひも　1mmのひも（ブルー）100cm
クリップ1個
ピケ（ほつれ止め）

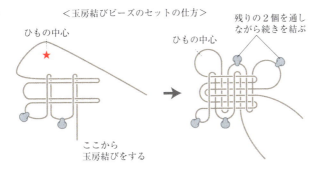

★＝作り始め

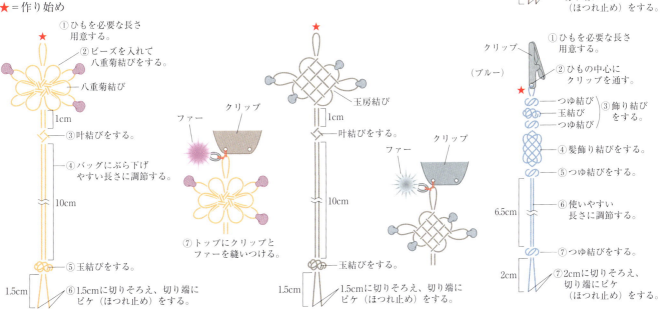

18～19ページ掲載

飾り結びのネックレスとブレスレット

サイズ　ネックレス 長さ45cm、ブレスレット 長さ20cm

【結び】
ピンクの作品　　菊結び、釈迦結び
ブルーの作品　　八重菊結び、釈迦結び
パープルの作品　玉房結び、釈迦結び
イエローの作品　几帳結び、つゆ結び、叶結び、釈迦結び

【材料】

ピンクの作品
ひも　1mmのひも（ピンク）160cm（ネックレス）
ひも　1mmのひも（ピンク）100cm（ブレスレット）
ボンド

ブルーの作品
ひも　1mmのひも（ブルー）170cm（ネックレス）
ひも　1mmのひも（ブルー）140cm（ブレスレット）
ボンド

パープルの作品
ひも　1mmのひも（パープル）170cm（ネックレス）
ひも　1mmのひも（パープル）140cm（ブレスレット）
ボンド

イエローの作品
ひも　1mmのひも（イエロー）70cm（ブレスレット）
ボンド

★＝作り始め

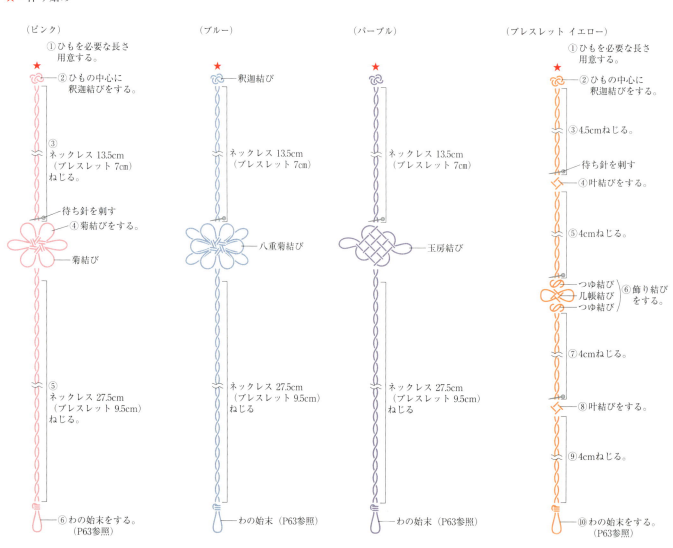

19ページ掲載

チャームを使った飾り結びのネックレス

サイズ　**ネックレス** 長さ45cm

【結び】

A　釈迦結び
B　釈迦結び、つゆ結び、几帳結び
C　釈迦結び、つゆ結び、几帳結び

【材料】

A　ひも　1mmのひも（イエロー）100cm
　　チャーム（パール）1個
　　ボンド

B　ひも　1mmのひも（クリーム色）150cm
　　チャーム（クリスタルビーズ）1個
　　ボンド

C　ひも　1mmのひも（グレー）150cm
　　チャーム（クリスタルビーズ）1個
　　ボンド

★＝作り始め

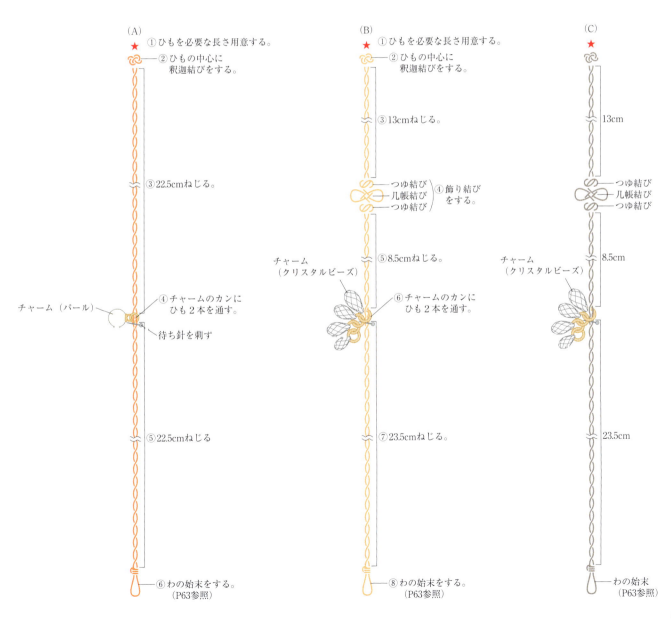

20ページ掲載
金具のついたしおりA

サイズ　10.5cm　※飾り結びの部分は、
原寸の結びの見本のページ(92〜95ページ)を参考にしてください。

【結び】
梅結び、八重菊結び、玉房結び、菊結び

【材料】
ひも　1mmのひも各色
しおりのパーツ
テグス
ボンド
ピケ(ほつれ止め)

(梅結び)
①ひもを必要な長さ用意し、梅結びをする。
②左側のひもで新しい花びらを作り、終わりの始末をする。

(八重菊結び)
①ひもを必要な長さ用意し、八重菊結びをする。
②左側のひもで新しい花びらを作り、終わりの始末をする。

(玉房結び)
①ひもを必要な長さ用意し、玉房結びをする。
②左側のひもで新しい花びらを作り、終わりの始末をする。

(菊結び)
①ひもを必要な長さ用意し、菊結びをする。
②左側のひもで新しい花びらを作り、終わりの始末をする。

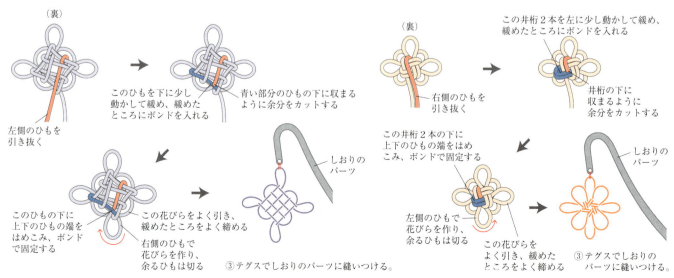

★＝作り始め

20ページ掲載

飾り結びだけで作ったしおりB

サイズ　長さ28cm

【結び】

ピンクの作品　梅結び、つゆ結び、玉結び
淡いグリーンの作品　几帳結び、つゆ結び、叶結び
パープルの作品　葵結び、玉結び、つゆ結び
濃いグリーンの作品　けさ結び、叶結び

【材料】

ひも　1mmのひも　100cm（ピンク、淡いグリーン、パープル）
ひも　1mmのひも　120cm（濃いグリーン）
ピケ（ほつれ止め）

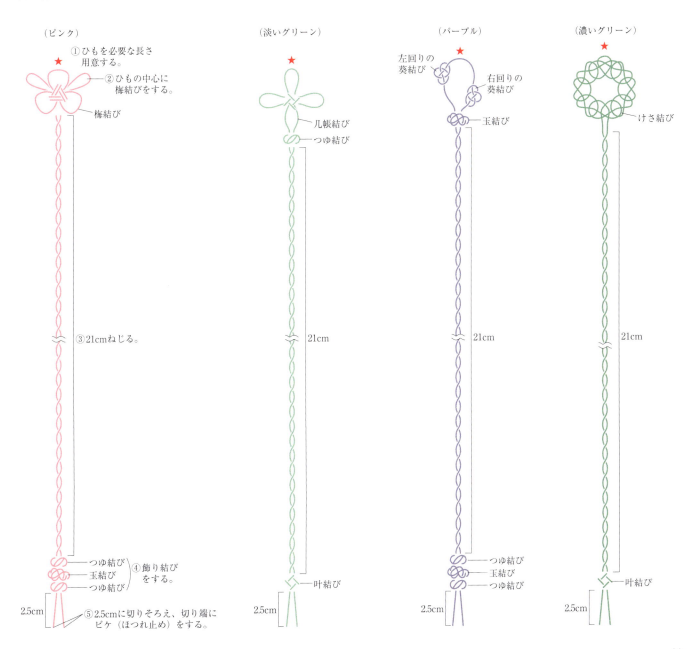

（ピンク）
①ひもを必要な長さ用意する。
②ひもの中心に梅結びをする。
梅結び
③21cmねじる。
つゆ結び
玉結び
つゆ結び
④飾り結びをする。
⑤2.5cmに切りそろえ、切り端にピケ（ほつれ止め）をする。
2.5cm

（淡いグリーン）
几帳結び
つゆ結び
21cm
叶結び
2.5cm

（パープル）
左回りの葵結び
右回りの葵結び
玉結び
21cm
つゆ結び
玉結び
つゆ結び
2.5cm

（濃いグリーン）
けさ結び
21cm
叶結び
2.5cm

飾り結びのポチ袋

21ページ掲載

サイズ　グリーン10.3cm　朱色23cm　パープル27cm　ピンク4.5cm

※飾り結びの部分は、原寸の結びの見本のページ(92〜95ページ)を参考にしてください。

【結び】
グリーン　几帳結び
朱色　あわび結び、真結び
パープル　髪飾り結び、つゆ結び、真結び
ピンク　梅結び

【材料】
グリーン　ひも　1mmのひも　30cm
朱色　ひも　1mmのひも　30cm
パープル　ひも　1mmのひも　55cmを2本
ピンク　ひも　1mmのひも　32cm
ピケ(ほつれ止め)
ボンド
マスキングテープ

★=作り始め

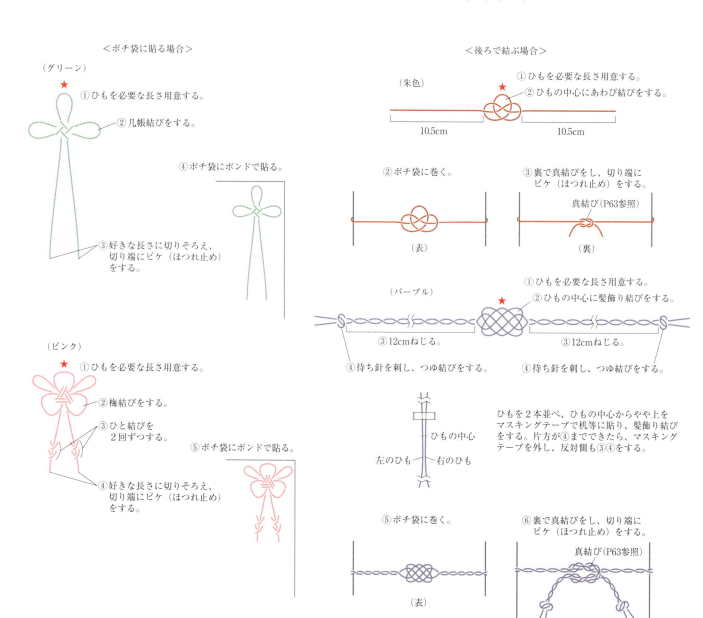

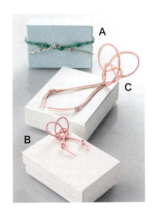

21ページ掲載

飾り結びの箱のアレンジA・B・C

サイズ　長さ　A 26cm、B 5cm、C 12cm

【結び】
A　叶結び、真結び
B、C　ハート結び（あわび結びの変形）

【材料】
A　ひも　1mmのひも（グリーン）30cmを2本
　　　　　1mmのひも（シルバー）30cmを2本
B　ひも　1mmのひも（ピンク）60cmを1本
C　ひも　1mmのひも（ピンク）100cmを1本
　　　　　1mmのひも（クリーム）100cmを1本
ピケ（ほつれ止め）
ボンド
つまようじ

★＝作り始め

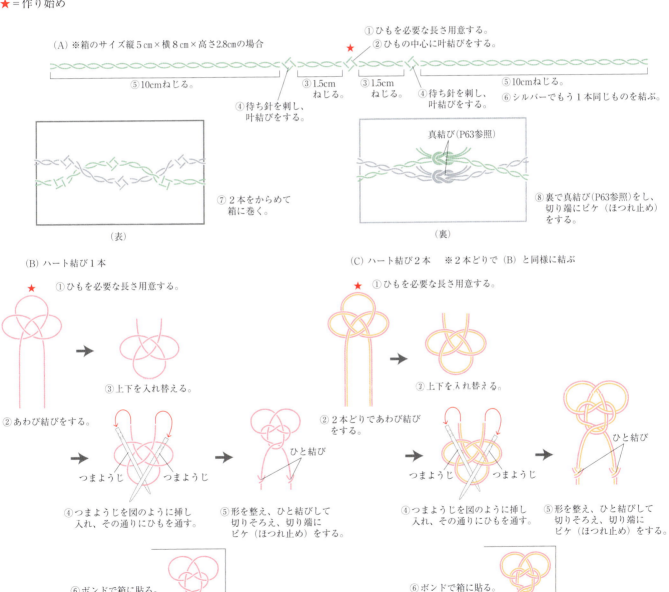

原寸の結び見本

本書の作品例に合わせ、3種類の太さのひも（3.5mm、2mm、1mm）で、
それぞれ大中小の原寸見本をご用意しました。
結びながら、実際に上にのせて大きさや形のバランスをチェックするのに
お使いください。好みによっては、もっと大きく結んでもいいと思います。
その際には、それぞれの花びらの大きさのバランスや
中心部の締まり加減などの参考になさってください。

華やかな結び　梅結び

華やかな結び　八重菊結び

華やかな結び 玉房結び

3.5mm　2mm　1mm

華やかな結び 唐蝶結び（上向き）

3.5mm　2mm　1mm

華やかな結び 唐蝶結び（下向き）

3.5mm　2mm　1mm

髪飾り結び
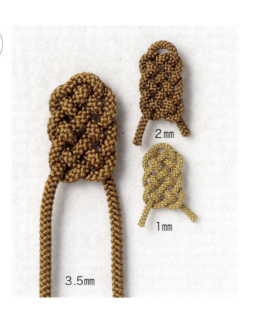

几帳結び

叶結び

つゆ結び

釈迦結び

玉結び

ポイント結び
葵結び（左回り）
3.5mm　2mm　1mm

ポイント結び
葵結び（右回り）
3.5mm　2mm　1mm

ポイント結び
あわび結び
3.5mm　2mm　1mm

ポイント結び
けさ結び
3.5mm　2mm　1mm

永井亜希乃（ながい・あきの）
茶器袋物師。他に、茶の湯に関する組紐の制作、飾り結びと、指導範囲は広い。
アトリエ亜馬阿乃 飾り結び教室主宰、仕覆教室助手、NHK文化センター青山教室仕覆教室講師。著書に『はじめてでも簡単にできる小さな袋もの』ほか。

お問い合わせ先：アトリエ亜馬阿乃
Gmail：akino.dec.lalala@gmail.com
Facebook：
https://www.facebook.com/akino.dec/?locale=ja_JP
Instagram：@akinonagai

撮影：P4〜13、P22〜23　近藤伍壱
　　　表紙、P14〜21 プロセス他　大見謝星斗
　　　（株式会社世界文化ホールディングス）
スタイリスト：オコナーマキコ
製図：原山恵
デザイン：新井達久
校正：天川佳代子
編集：尾崎行輝
　　　中野俊一（株式会社世界文化社）

増補改訂版　はじめてでも必ずできる 飾り結び

発行日
2015年10月30日　初版第1刷発行
2025年3月30日　増補改訂版第1刷発行

著者　永井亜希乃
発行者　岸 達朗
発行　株式会社世界文化社
〒102-8187　東京都千代田区九段北4-2-29
TEL 03-3262-5124（編集部）
　　03-3262-5115（販売部）
印刷・製本　TOPPANクロレ株式会社

©Akino Nagai, 2025. Printed in Japan
ISBN978-4-418-25409-5
落丁・乱丁のある場合はお取り替えいたします。
定価はカバーに表示してあります。
無断転載・複写（コピー、スキャン、デジタル化等）を禁じます。
本書を代行業者等の第三者に依頼して複製する行為は、
たとえ個人や家庭内での利用であっても認められていません。